coleção **primeiros passos** (315)

CB052152

Debora Diniz e Dirce Guilhem

O QUE É
BIOÉTICA

1ª edição, 2002

São Paulo

editora brasiliense

© *Copyright* desta edição: Debora Diniz e Dirce Guilhem
Nenhuma parte desta publicação pode ser gravada,
armazenada em sistemas eletrônicos, fotocopiada,
reproduzida por meios mecânicos ou outros quaisquer
sem autorização prévia da editora.

Primeira edição, 2002
8ª reimpressão, 2016

Diretora Editorial: *Maria Teresa B. de Lima*
Editor: *Max Welcman*
Produção Gráfica: *Laidi Alberti*
Ilustrações da capa: *Rodrigo Guilherme*
Projeto gráfico e capa: *Millennium Art & Design*
Revisão: *Luiz Ribeiro*

Dados Internacionais de Catalogação na Publicação (CIP)
(Câmara Brasileira do Livro, SP, Brasil)

Diniz, Debora
    O que é Bioética / Debora Diniz e Dirce Guilhem
São Paulo : Brasiliense, 2012 . - - (Coleção
Primeiros Passos ; 315)

    7ª reimpr. da 1ª ed. de 2002.
    ISBN 978-85-11-00074-0

    1. Bioética I. Título. II. Série.

05-1783
      CDD- 174.2

Índices para catálogo sistemático:
1. Bioética   174.2

editora brasiliense ltda
Rua Antônio de Barros, 1720 – Tatuapé
Cep 03401-001 – São Paulo – SP
Fone: 11 - 3062.2700
www.editorabrasiliense.com.br

Sumário

I - Introdução 7

II - O nascimento da bioética

O novo conceito 11

A microhistória da bioética 18

III - A consolidação acadêmica da bioética

Relatório Belmont 31

As primeiras publicações 35

A teoria principialista 38

IV - As primeiras perspectivas críticas

Os limites da teoria principialista 55

Os periféricos da bioética 63

A bioética brasileira 72

V - Outros autores, outras ideias

H. Tristam Engelhardt 79

Peter Singer 88

Bioética de inspiração feminista 96

VI - Conclusão 113

Sobre as autoras 121

INTRODUÇÃO

Não há muito publicado sobre bioética na língua portuguesa ou por autores brasileiros. As publicações disponíveis têm como característica serem obras compilatórias e temáticas, livros em que um grupo de pesquisadores e professores do tema *escreve* sobre assuntos específicos da disciplina. Isso não é uma característica exclusiva da bioética, mas de todas as *novas* disciplinas cujo campo de atuação ainda se faz necessário apresentar e justificar.

O médico Sérgio Ibiapina e a antropóloga Debora Diniz, em *Bioética: Ensaios,* sugeriram a categorização das estratégias de apresentação da disciplina mais comumente utilizada na bioética brasileira[1]. Segundo os autores, "(...) a bioética pode ser apresentada de várias maneiras. Uma rápida consulta aos principais manuais de ensino do tema, destinados a estudantes de graduação e pós-graduação

---

[1] Costa, Sérgio; Diniz, Debora. Introdução à Bioética. *Bioética: Ensaios.* Brasília. LetrasLivres. 2001: 13.

em ciências da saúde, nos mostra que há pelo menos três grandes abordagens: a historicista, a filosófica e a temática (...)"[2].

A abordagem historicista seria a que remete o nascimento da bioética aos fatos e eventos passados que teriam contribuído para o seu surgimento – as pesquisas realizadas nos campos de concentração nazistas, as duas guerras mundiais e os tratados de direitos humanos seriam alguns dos exemplos mais citados. Se, por um lado, a abordagem historicista é atraente por permitir que professores e alunos apoiem-se em conhecimentos de domínio relativamente comum, a abordagem filosófica possui uma quantidade menor de adeptos, pois exige que seus representantes tenham certo domínio da história da filosofia, especialmente da filosofia moral, tarefa para que nem todos estão preparados. Por outro lado, abordagem temática é a mais comumente referida na bioética brasileira, já que, segundo os autores, "(...) a análise temática é a mais utilizada pelos iniciantes na bioética, especialmente por aqueles que ainda não dominam o conhecimento a ponto de argumentar suas ideias em termos filosóficos ou históricos.A abordagem temática permite uma

---

[2] Costa, Sérgio; Diniz, Debora. Introdução à Bioética. *Bioética: Ensaios.* Brasília. LetrasLivres. 2001: 13.

compreensão do fazer bioético a partir de casos e/ou situações de vida que, nos últimos tempos, foram consideradas típicos dilemas da bioética (...)"[3]. Tanto isso é verdade que com certa frequência encontramos professores de bioética lançando mão de exemplos e situações de conflito para concretizarem suas considerações teóricas. A abordagem temática é ainda hoje a dominante na bioética brasileira. Praticamente inexistem livros sobre bioética de autores nacionais que não apelem ao recurso temático como forma de apresentação dos argumentos conceituais.

Em vista disso, o objetivo deste livro é redirecionar o estilo tradicional de apresentação da bioética no Brasil. Regra geral, parte-se dos casos e dos conflitos morais para, secundariamente, se delinearem as ideias e propostas teóricas. Aqui, optamos por um caminho diferente: partiu-se das teorias e de suas críticas, permitindo que o leitor se familiarize com as estratégias discursivas da bioética para que, por si mesmo, possa refletir sobre as situações de conflito moral. Nossa intenção não foi negar a estratégia tripartida sugerida por Ibiapina e Diniz, mas fazer uso dela em intensidades diferentes das tradi-

---

[3] Costa, Sérgio; Diniz, Debora. Introdução à Bioética. *Bioética: Ensaios*. Brasília. LetrasLivres. 2001: 13.

cionalmente adotadas no Brasil, estabelecendo uma quarta possibilidade de apresentar a bioética, em que a referência seriam as teorias e ideias bioéticas atualmente vigentes. Esperamos com isso preencher uma dupla lacuna do pensamento bioético no país: o mercado editorial e a escassez teórica.

Este livro é fruto da experiência das autoras com o tema nos últimos seis anos. A bioética fez parte não apenas de suas reflexões cotidianas e profissionais, mas também foi tema de doutoramento de ambas. Em nome disso, algumas das reflexões teóricas e críticas aqui desenvolvidas foram originalmente iniciadas tanto no espaço formal da vida acadêmica (palestras, conferências, artigos, salas de aula) como em conversas informais e por sugestões de companheiros de trabalho. Agradecemos, assim, a todas as pessoas que nos auxiliaram a compor este primeiro livro brasileiro sobre a gênese teórica da bioética[4]. Nossa expectativa é de que ele contribua ainda mais para o fortalecimento do debate entre nós.

---

[4] Debora Diniz agradece particularmente a David Castiel, hoje editor dos *Cadernos de Saúde Pública*, autor de um parecer de publicação, à época anônimo, em que propôs a leitura de autores da bioética, uma sugestão teórica que a conduziu à bioética. O artigo foi publicado sob o título "Os dilemas éticos da vida humana: a trajetória hospitalar de crianças portadoras de paralisia cerebral grave" (*Cadernos de Saúde Pública*, v. 12, n. 3, jul/set., 1996, p. 345-355).

O Nascimento da Bioética

O novo conceito

Vários acontecimentos contribuíram para o surgimento da bioética. Seus pesquisadores reconhecem simbolicamente a obra *Bioética: uma Ponte para o Futuro,* de Van Rensselaer Potter, publicada em 1971, como um marco histórico importante para a genealogia da disciplina. Potter era um cancerologista estadunidense preocupado com a sobrevivência ecológica do planeta e com a democratização do conhecimento cientifico, tornando-se conhecido na bioética como autor de uma obra única.[1] Apesar de hoje ser contestada sua paternidade sobre o neologismo, Potter ainda é uma referência fundamental para a história da bioética. Na verdade, o que neste momento se questiona não é a originalidade, tampouco o vanguardismo de Potter, fatos indiscutíveis,

---

[1] Potter, Van Rensselaer. *Bioethics: Bridge to the Future.* New Jersey: Prentice-Hall. 1971.

mas o que Thomas Reich sugere ser a autoridade histórica da "primeira institucionalização da palavra bioética"[2].

Para Reich, um importante compilador de livros e enciclopédias sobre bioética, não se nega que tenha sido Potter o criador do termo. Entretanto, o importante para a história da disciplina seria o primeiro emprego institucional acadêmico do conceito. Segundo a história da bioética contada por ele e por outros pesquisadores simpáticos a sua argumentação, a bioética teria tido seu nascimento em dois locais: na Universidade de Wisconsin, em Madison, com Potter, criador do conceito; e na Universidade de Georgetown, em Washington, com Andre Hellegers, que, diante da existência do neologismo, teria sido o primeiro a utilizá-lo institucionalmente com o intuito de designar uma nova área de atuação, esta que atualmente conhecemos como a bioética.

No entanto, a proposta de retirada do senso prospectivo de Potter quanto ao futuro da bioética não está sendo facilmente aceita entre os pesquisa-

---

[2] Reich, Warren Thomas. The word "bioethics": its birth and the legacies of those who shaped it. *Kennedy Institute of Ethics Journal*, v. 4, n. 4. 1994, p. 319-33.

dores. Potter é ainda aclamado como uma importante referência histórica e de pensamento, especialmente em nome de suas últimas publicações, que apontam para uma nova guinada teórica na disciplina[3]. E, na verdade, não apenas pelas publicações recentes do autor, que suportam sua atualidade, mas especialmente pela lucidez de algumas de suas afirmações sofre o espírito dessa nova disciplina que deveria ser a bioética. Vale conferir algumas de suas ideias, publicadas em *Bioética: uma Ponte para o Futuro*, um livro baseado em artigos de sua autoria divulgados entre os anos 1950 e 1960: "...O que nós temos de enfrentar é o fato de que a ética humana não pode estar separada de uma compreensão realista da ecologia em um sentido amplo. *Valores éticos não podem estar separados de fatos biológicos...* como indivíduos nós não podemos deixar nosso destino nas mãos de cientistas, engenheiros, tecnólogos e políticos que esqueceram ou nunca souberam estas verdades elementares. Em nosso mundo moderno, nós temos botânicos que estudam plantas ou zoologistas que estudam animais, no

---

[3] Vide, por exemplo, a transcrição de um vídeo sobre Potter, lançado no IV Congresso Internacional de Bioética, no Japão, publicada no Brasil *(O Mundo da Saúde,* Script do Vídeo. São Paulo. Ano 22, v. 22, n. 6, Nov./Dez., 1998. p. 370-374)

entanto, a maioria deles é especialista que não lida
com as ramificações de seu conhecimento limita-
do... "[4] (sem grifo no original). Ou seja, a ponte para
o futuro a que se referia Potter, a bioética, deveria
ser uma disciplina capaz de acompanhar o desenvolvimento científico (para ele, basicamente, a biologia
e seus derivados), com uma vigilância ética que ele
supunha poder estar isenta de interesses morais.
Para tanto, o autor propunha a democratização contínua do conhecimento científico como única
maneira de difundir esse olhar zeloso da ética.

A crítica de Potter à compartimentalização e
à distância social inerentes à produção científica
não era exclusivamente sua, muito embora a argumentação tenha sido de pouco interesse para a bioética. O importante da proposta futurista de Potter
é a ideia de que a constituição de uma ética aplicada às situações de vida seria o caminho para a
sobrevivência da espécie humana. E, mais curioso
ainda: para essa ciência da sobrevivência não seria
preciso um conhecimento rigoroso da técnica, mas
sim respeito aos valores humanos[5]. Para Potter, a

---

[4] Potter, Van Rensselaer. *Bioethics: Bridge to the Future.* New Jersey:
Prentice-Hall, 1971: vii/2.

[5] Diniz, Debora. *Conflitos Morais e Bioética.* Brasília. LetrasLivres. 2001:
57.

proposição do termo bioética enfatizava os dois ingredientes considerados os mais importantes para alcançar uma prudência que ele julgava necessária: o conhecimento biológico associado a valores humanos[6]. Essa proposta de Potter de associar biologia (entendida, em sentido amplo, como o bem-estar dos seres humanos, dos animais não humanos e do meio ambiente) e ética é o que, hoje, se mantém como o espírito da bioética.

De qualquer forma, afora a solitária clarividência de Potter, é importante reconhecer quais foram as transformações dos anos 1960, especialmente nos contextos social, político e tecnológico, que impulsionaram o nascimento da bioética. Durante essa década, houve a confluência de dois importantes processos de transformação das sociedades que marcaram definitivamente seu espírito: o primeiro no campo das ciências e o segundo no da moralidade.

Por um lado, um grande desenvolvimento tecnológico fez surgir dilemas morais inesperados relacionados à prática biomédica (por biomedicina é preciso entender todo o exercício profissional relacionado à saúde e à doença dos seres humanos, seja

---

[6] Potter, Van Rensselaer. *Bioethics: Bridge to the Future*. New Jersey: Prentice- Hall, 1971: 2.

no campo da medicina propriamente dita ou da enfermagem, nutrição, biologia, psicologia e outros). Por outro, os anos 1960 foram também a era da conquista dos direitos civis, o que fortaleceu o ressurgimento de movimentos sociais organizados, como o feminismo, o movimento hippie e o movimento negro, entre outros grupos de minorias sociais, promovendo, com isso, um revigoramento dos debates acerca da ética normativa e aplicada. Esses diferentes movimentos sociais adotaram como bandeira e trouxeram à tona questões relacionadas à diversidade de opiniões, ao respeito pela diferença e ao pluralismo moral.

No entanto, paralelamente ao processo de crítica moral desencadeado pelos grupos sociais, houve importantes transformações em instituições já tradicionais. como os padrões de família, as crenças religiosas e até mesmo a socialização formal das crianças por meio das escolas. Esse processo geral de transformação das crenças e dos padrões de bem-viver nas sociedades pôde ser vislumbrado pelo aparecimento de novas tecnologias promissoras para a melhoria da qualidade de vida das populações. Foi assim que uma série de eventos ocorridos entre os anos 1960 e 1970 foi particularmente perturbadora no campo moral, principalmente nos Estados

Unidos. O surgimento da bioética pode ser visto, então, como a principal resposta no campo ético a essas grandes mudanças.

Ainda nesse período inicial de surgimento, dois outros acontecimentos contribuíram para que a bioética fosse definida como um novo campo disciplinar: as denúncias, cada vez mais frequentes, relacionadas às pesquisas científicas com seres humanos, um tema fortemente impulsionado pelas histórias de atrocidades cometidas por pesquisadores nos campos de concentração da Segunda Guerra Mundial; e a abertura gradual da medicina, que, de uma profissão fechada e autoritária, passou a dialogar com os que David Rothman adequadamente denominou de estrangeiros em seu livro *Estrangeiros à Beira do Leito: uma História de como a Bioética e o Direito Transformaram a Medicina:* primeiro os filósofos, os teólogos e os advogados e, depois, os sociólogos e os psicólogos, que passaram a opinar sobre a profissão médica, porém sob outras perspectivas profissionais[7].

Rothman sugere que essa invasão da medicina pelos estrangeiros tenha ocorrido principalmente

---

[7] Rothman, David J. *Strangers at the Bedside: a History how Law and Bioethics Transformed Medical Decision Making.* United States: Basic Books, 1991.

em nome da crescente especialização e despersona-
lização do exercício médico, um processo que ocorreu paralelamente à perda da confiança dos pacientes em seus médicos[8]. Esses fatores contribuíram
para que a ética médica de inspiração hipocrática
fosse perdendo a sua força. Os avanços científicos e
tecnológicos começaram a ameaçar a tranquilidade
do processo ético de tomada de decisão na prática
médica. De amigos e confidentes morais – no antigo
modelo do médico de família –, médicos e pacientes
tornaram-se distantes morais. E esse processo de
estranhamento moral foi de fundamental importância para o surgimento e a consolidação da bioética.

A MICROHISTÓRIA DA BIOÉTICA

Para esta microhistória da bioética, o filósofo
Albert Jonsen pontua três acontecimentos que
exerceram um papel particularmente importante na
consolidação da disciplina[9]. O primeiro deles foi a
divulgação do artigo da jornalista Shana Alexander,

[8] Rothman, David J. *Strangers at the Bedside: a History how Law and Bioethics Transformed Medical Decision Making.* United States: Basic Books, 1991.

[9] Jonsen, Albert R. The birth of bioethics. *Hastings Center Reports,* v. 23. n. 6, Nov./Dec., 1993. Special Supplement, p. S1-S4.

intitulado "Eles decidem quem vive, quem morre", publicado na revista *Life,* em 1962, em que se contavam a história e os desdobramentos da criação de um comitê de ética hospitalar em Washington, nos Estados Unidos (Comitê de Admissão e Políticas do Centro Renal de Seattle). O Comitê de Seattle, como ficou conhecido, tinha o objetivo de definir prioridades para a alocação de recursos em saúde. Uma de suas primeiras medidas foi a seleção, dentre os pacientes renais crônicos, daqueles que poderiam fazer parte do programa de hemodiálise recém-inaugurado na cidade. Como havia um número de pacientes superior à disponibilidade de máquinas, os médicos optaram por delegar os critérios de seleção de atendimento para um pequeno grupo de pessoas, basicamente todos leigos na medicina. Cabia a esse grupo eleger critérios não-médicos de seleção para o tratamento. De uma forma inusitada, então, o processo de decisão médica passou para o domínio público. Para Jonsen, esse, mais que qualquer outro evento, assinalou a ruptura entre a bioética e a tradicional ética médica, supostamente um conhecimento de domínio exclusivo do profissional de saúde e, mais especificamente, do médico.

Alguns anos depois, em 1966, ocorre o segundo evento dessa microhistória da bioética contada por Jonsen. Na mesma época da publicação do livro de Potter, exatos cinco anos antes, Henry Beecher divulgou o artigo que mais assombro provocou na comunidade científica mundial desde o anúncio das atrocidades cometidas pelos médicos engajados no nazismo[10]. Beecher era um médico anestesista que colecionava relatos de pesquisas científicas publicadas em periódicos internacionais envolvendo seres humanos em condições pouco respeitosas (Beecher extraiu seus dados de jornais de grande prestígio internacional, tais como: *New England Journal of Medicine, Journal of Clinical Investigation, Journal of American Medical Association, Circulation)*. Da compilação original de 50 artigos, Beecher publicou, em *Ethics and clinical research,* 22 relatos de pesquisas realizadas com recursos provenientes de instituições governamentais e companhias de medicamentos em que os alvos de pesquisa eram os chamados "cidadãos de segunda classe"[11]: internos em hospitais de caridade, adultos com deficiências mentais, crianças com retardos mentais, idosos, pacientes psiquiátricos, recém-nascidos, presidiários, enfim, pessoas

[10] Beecher, Henry. Ethics and clinical research. *The New England Journal of Medicine,* v. 274, n. 24, June, 16, 1996. p. 1354-1360.

[11] Das 22 pesquisas, 14 foram desenvolvidas em centros universitários estadunidenses.

incapazes de assumir uma postura moralmente ativa diante do pesquisador e do experimento[12].

Alguns exemplos perversos de pesquisas, conhecidos na literatura médica pelo ordenamento numérico original de Beecher, ficaram famosos, como o exemplo 2, que consistia na retirada intencional do tratamento à base de penicilina em operários com infecções por estreptococos para permitir o estudo de meios alternativos de prever as complicações. O fato é que os homens não sabiam que estavam sendo submetidos a uma experiência, e o risco de contrair a febre reumática era altíssimo, a tal ponto que 25 deles desenvolveram a doença. No exemplo 16, a pesquisa exigia a inoculação intencional do vírus da hepatite em indivíduos institucionalizados por retardo mental, para possibilitar o acompanhamento da etiologia da doença. No exemplo 17, médicos pesquisadores injetaram células vivas de câncer em 22 pacientes idosos e senis hospitalizados, sem comunicá-los que as células eram cancerígenas, com o objetivo de acompanhar as respostas imunológicas do organismo.

---

[12] Beecher, Henry. Ethics and clinical research. *The New England Journal of Medicine*, v. 274, n. 24, June, 16, 1996. p. 1354-1360.

Em consequência desses e de outros exemplos de má pesquisa científica, Beecher constatou que, de 100 pesquisas envolvendo seres humanos publicadas no decorrer do ano de 1964 em um excelente periódico científico, um quarto revelava maus-tratos ou violações éticas, seja em relação aos pacientes, seja em relação à condução dos protocolos. O crescente aumento dos recursos disponíveis para pesquisa com seres humanos não se fez acompanhar de responsabilidade moral equivalente por parte dos pesquisadores. O surgimento da profissão de pesquisador médico e, consequentemente, o aumento da pressão e da ambição de jovens médicos, que precisavam mostrar competência para serem promovidos, resultaram na separação entre os interesses da ciência e os interesses dos sujeitos da pesquisa, contribuindo para o agravamento da situação. Mesmo em um período pós-guerra, manteve-se a referência à ética utilitarista como justificativa para a experimentação científica com seres humanos. Em parte, esse fenômeno se justificava porque as possibilidades de benefícios eram consideradas muito maiores do que os prejuízos, mas também porque, como regra geral, não havia discursos sociais contrários a esse tipo de ética da pesquisa científica.

Além dos maus-tratos com os sujeitos de pesquisa, a análise de Beecher permitiu o desvendamento de outro dado impressionante: dos 50 artigos compilados originalmente para o estudo, somente dois apresentavam, como parte do protocolo de pesquisa, o termo de consentimento dos sujeitos participantes do experimento. Diante desse dado, Beecher propôs que toda e qualquer experimentação com seres humanos deveria respeitar, primeiramente, a necessidade de obtenção do termo de consentimento informado e, em seguida, o compromisso do pesquisador de agir de forma responsável[13]. Foi assim que os números e os dados de Beecher, além do óbvio mérito denunciatório, tiveram um efeito secundário inesperado: demonstraram que a imoralidade não era exclusiva dos médicos nazistas, tal como os novos cientistas acreditavam[14].

Mas, independentemente da provocação irônica que esses dados sugeriram em relação ao auto-

---

[13] Beecher, Henry. Ethics and cinical research. *The New England Journal of Medicine*. v. 274, n. 24, June, 16, 1996. p. 1354-1360. A opção de manter o termo "consentimento informado" em contraposição à terminologia adotada no Brasil, "consentimento livre e esclarecido", se deve ao fato de esse ter sido o termo originalmente utilizado pelo autor.

[14] Diniz, Debora. Henry Beecher e a História da Bioética. In : Costa, Sergio e Diniz, Debora. *Bioética: Ensaios*. Brasília. LetrasLivres. 2001: 21-27.

ritarismo ético que alguns pesquisadores se arrogavam em nome da ciência, a compilação dos abusos em pesquisas desencadeou outros tipos de análises, além, é claro, do susto original provocado pela denúncia. Vale conferir a mais interessante delas, sugerida por Rothman: "...o julgamento dos médicos nazistas em Nurembergue, por exemplo, recebeu pouca cobertura da imprensa e, antes da década de 1970, o próprio código raramente era citado ou discutido nas revistas médicas. Pesquisadores americanos e clínicos aparentemente consideravam Nurembergue irrelevante para seu próprio trabalho. Eles acreditavam (erroneamente, como mais tarde se demonstrou) que os experimentos bizarros e cruéis não haviam sido conduzidos por cientistas e médicos, mas por oficiais nazistas sádicos e, portanto, que pesquisadores dedicados não tinham nada a aprender da experiência..."[15]. Ou seja, os tratados humanitários e de defesa dos direitos humanos assinados por inúmeros países, inclusive pelos Estados Unidos, não haviam ecoado na prática científica até os anos 1970. Segundo Diniz, as regras de controle,

---

[15] Rothman, David J. *Strangers at the Bedside: a History of how Law and Bioethics Transformed Medical Decision Making*. USA. Basic Books. 1991; Rothman, David J. Ethics and Human Experimentation: Henry Beecher Revisiled. *The New England Journal of Medicine*, v. 317, n. 19: 1587.

fossem elas policialescas ou de efeito moral, não eram para todos, apenas para os imorais, os perversos pesquisadores do continente[16]. Era urgente, portanto, alguma forma de difusão dos princípios morais da cultura dos direitos humanos que não fosse somente pela referência a tratados e convenções de caráter tão abstratos e distantes como eram Helsinque ou Nurembergue até aquele momento.

Para que se tenha uma ideia de quanto os tratados humanitários de defesa dos interesses das populações vulneráveis não faziam sentido para a pesquisa biomédica estadunidense dos anos 1970, o caso da pesquisa sobre a sífilis desenvolvida em Tuskegee, no estado do Alabama, nos Estados Unidos, é um bom exemplo. O Caso Tuskegee, como ficou conhecido, é seguramente um dos exemplos mais perturbadores utilizados pelos pesquisadores da bioética como referência para os abusos realizados em nome da ciência e do progresso. A pesquisa era conduzida pelo Serviço de Saúde Pública dos Estados Unidos (U.S. Public Health Service– PHS), ou seja, um órgão sanitário oficial do país, e consistia em acompanhar o ciclo natural de

---

[16] Diniz, Debora. Henry Beecher e a História da Bioética. In: Costa, Sérgio e Diniz, Debora. *Bioética: Ensaios.* Brasília. LetrasLivres. 2001: 21-27.

evolução da sífilis em sujeitos infectados. Desde meados dos anos 1930 até o início dos anos 1970, 400 pessoas negras portadoras de sífilis foram deixadas sem tratamento (utilizava-se apenas placebo), no intuito de identificar a história natural da doença ou, nas palavras de Rothman, "...a desculpa esfarrapada dos dirigentes do PHS era de que com o advento dos antibióticos ninguém mais poderia tornar a traçar os efeitos de longo prazo da sífilis..."[17]. Vale lembrar que a penicilina, medicamento fundamental para o tratamento da sífilis, já havia sido descoberta, com uso corrente no tratamento da enfermidade. Os participantes da pesquisa sequer foram informados de que estavam sendo submetidos a um experimento, não lhes sendo oferecida a alternativa do tratamento convencional. A denúncia desse caso forçou a opinião pública a perceber que nem tudo estava moralmente correto no campo da ciência, da tecnologia e da medicina.

O terceiro evento que Jonsen seleciona como significativo para essa microhistória da bioética é a resposta do público a um outro e dramático avanço

---

[17] Rothman, David. *Strangers at the Bedside: a History of how Law and Bioethics Transformed Medical Decision Making.* USA. Basic Books. 1991: 183.

médico. Em 1967, Christian Barnard, um cirurgião cardíaco da África do Sul, transplantou o coração de uma pessoa quase morta em um paciente com doença cardíaca terminal[18]. Esse acontecimento provocou grande balbúrdia na mídia internacional. O nó da questão girava em torno da origem do órgão, pois a comunidade médica se perguntava como Barnard poderia garantir que o doador estaria realmente morto no momento do transplante. A situação levou a Escola Médica da Universidade de Harvard, em 1968, a procurar definir critérios para a morte cerebral, a fim de controlar casos semelhantes a esse. Os preceitos foram divulgados somente em 1975, mas ainda hoje são a referência para o debate internacional sobre morte encefálica. Para a maioria das pessoas, sejam elas profissionais de saúde ou leigos na medicina, o conceito de morte cerebral, apesar de não ter alcançado a unanimidade esperada, foi aceito como modelo oficial de morte clínica.

Essa análise genealógica de Jonsen sobre a trajetória e o desenvolvimento da bioética alcança os anos 1980 e 1990, um período mais marcadamen-

---

[18] Jonsen, Albert R. The birth of bioethics. *Hastings Center Reports,* v. 23, n. 6, Nov./Dec. 1993. Special Supplement, p. S1-S4.

te definido pela institucionalização da disciplina. Segundo o autor, essa fácil e rápida difusão do tema pelo mundo é uma resposta à angústia das sociedades diante das implicações políticas e sociais decorrentes do desenvolvimento da ciência, da tecnologia e da medicina. Por ser a bioética um campo disciplinar compromissado com o conflito moral na área da saúde e da doença dos seres humanos e dos animais nãohumanos, seus temas dizem respeito a situações de vida que nunca deixaram de estar em pauta na história da humanidade. Mudaram-se apenas certas especificidades em decorrência da tecnologia e do progresso da ciência. No entanto, a estrutura de pensamento que suporta a bioética, um discurso que visa garantir os interesses de grupos e indivíduos socialmente vulneráveis, aqueles imersos em quadros de hierarquia social que os impedem de agir livremente, é algo absolutamente novo no campo da teoria moral aplicada.

Talvez, no que se refere à pesquisa biomédica, um elemento decisivo para essa mudança de mentalidade tenha sido a formação de um discurso crítico com relação à pesquisa científica, não aceitando mais a premissa de que o desenvolvimento da ciência estaria acima de qualquer suspeita para o bem-estar e a saúde da humanidade. Começaram, portanto, a surgir dúvidas, dos pontos de vista ético, jurídico, econômico e mesmo político, sobre certos avanços relacionados à experimentação humana, ao controle comportamental, à engenharia genética, à saúde reprodutiva, ao transplante de órgãos, dentre tantos outros temas atualmente analisados pela bioética.

Rothman considera que essa situação abriu espaço para que uma mudança de atitude surgisse nos campos da medicina, da relação entre médicos e pacientes e nas instituições de saúde[19]. Essa foi, segundo o autor, uma revolução marcada pelo declínio da confiança nos médicos de família e de seus princípios morais baseados na ética da confidência (a chamada "ética à beira do leito"), com o consequente fortalecimento das ideias de justiça e de prudência. O declínio de tal ética, um código moral marcado pelo autoritarismo do médico e baseado nos princípios do juramento hipocrático, tradicionalmente ensinados aos jovens médicos ao lado do leito do paciente, pontuou o nascimento de um novo período, em que as referências morais do médico

---

[19] Rothman, David J. *Strangers at the Bedside: a History of how Law and Bioethics Transformed Medical Decision Making.* United States: Basic Books, 1991.

deveriam ser consideradas apenas como suas preferências de bem-viver, e não a saída ética para o conflito. Foi assim que, no momento em que a "...medicina estava cada vez melhor, mas que os pacientes estavam cada vez piores...", a ruptura com o padrão da ética à beira do leito permitiu o surgimento da bioética como uma instância mediadora e democrática para os conflitos morais[20].

---

[20] Rothman, David J. *Strangers at the Bedside: a History of how Law and Bioethics Transformed Medical Decision Making*. United States: Basic Books, 1991: 107.

A Consolidação Acadêmica da Bioética

Relatório Belmont

Todo esse processo de transformação social e, especialmente, de mudança nos padrões morais de relacionamento entre o profissional de saúde e o paciente ocorreu entre as décadas de 1960 e 1970, um período fundamental para a consolidação acadêmica da bioética. Foi também nesse período que o Governo e o Congresso estadunidenses decidiram instituir, em resposta a uma série de acusações e escândalos envolvendo a pesquisa científica com seres humanos, um comitê nacional com o objetivo de definir princípios éticos norteadores para pesquisas. Em 1974, formou-se, então, a "Comissão Nacional para a Proteção de Sujeitos Humanos na Pesquisa Biomédica e Comportamental", responsável pela ética das pesquisas relacionadas às ciências do comportamento e à biomedicina[1]. Após quatro anos, o resultado do trabalho da comissão ficou conhecido como Relatório Belmont, um documento que ainda hoje é um marco histórico e normativo para a bioética. Por meio desse relatório foi possível identificar a proposta da comissão: articular três princípios éticos, supostamente universais, que promoveriam as bases conceituais para a formulação, a crítica e a interpretação de dilemas morais envolvendo a pesquisa científica[2].

Os participantes do Relatório Belmont justificaram a eleição de três princípios éticos, dentre um universo de possibilidades, argumentando que a escolha baseava-se em uma estrutura profunda do pensamento moral. Para eles, os princípios éticos escolhidos pertenciam à história das tradições morais do ocidente, havendo uma relação de dependência mútua entre eles, fato que garantiria sua harmonia quando aplicados. Foram, portanto, os seguintes os princípios escolhidos:

---

[1] Rothman, David J. Commissioning ethics. In: *Strangers at the Bedside: a History of how Law and Bioethics Transformed Medical Decision Making.* United States: Basic Books, 1991: 168-189.

[2] National Commission for the Protection of Human Subjects of Biomedical and Behavioral Research. The Belmont Report: ethical principles and guidelines for the protection of the human subjects of research. In: Reich, Warren Thomas (Org). *Encyclopedia of Bioethics.* New York: Mac Millan-Free Press, 1995. p. 2767-2773.

1. Respeito pelas pessoas: este princípio carrega consigo pelo menos dois outros pressupostos éticos: os indivíduos devem ser tratados como agentes autônomos e as pessoas com autonomia diminuída (os socialmente vulneráveis) devem ser protegidas de qualquer forma de abuso. Do ponto de vista prático, isso significa que a vontade deve ser um pré-requisito fundamental para a participação na pesquisa científica, fazendo com que a concessão do consentimento somente tivesse validez após a informação e a compreensão sobre a totalidade da pesquisa a ser realizada;

2. Beneficência: dentre os três princípios escolhidos, esse é o que maior referência faz à história da deontologia médica no ocidente. A beneficência deve ser vista como um compromisso do pesquisador na pesquisa científica para assegurar o bem-estar das pessoas envolvidas direta ou indiretamente com o experimento. O apelo à beneficência objetiva, ainda, idéias como não causar qualquer dano ou mesmo maximizar os benefícios previstos. Na prática, o princípio propõe uma avaliação sistemática e contínua da relação risco/benefício para as pessoas envolvidas;

3. Justiça: esse princípio é o que mais intimamen-
te está relacionado às teorias da filosofia
moral em vigor nos Estados Unidos por ocasião da elaboração do relatório. A equidade
social, entendida tal como o filósofo John
Rawls vinha propondo, isto é, como o princípio
do reconhecimento de necessidades diferentes para a defesa de interesses iguais, era uma
das grandes novidades apresentadas pelos
membros da comissão. Dentre inúmeras implicações práticas, a referência a esse princípio
exige, por exemplo, um cuidado redobrado na
escolha dos participantes da pesquisa científica. Em nome disso, a divulgação do relatório,
e especialmente a inclusão desse princípio, foi
decisiva para a proteção dos seres humanos
envolvidos em pesquisas.

No contexto de incertezas éticas que domina-
va a pesquisa científica do período, a divulgação do
Relatório Belmont representou um verdadeiro divi-
sor de águas para os estudos de ética aplicada. A
estruturação mínima proposta pelo relatório, repre-
sentada pela eleição dos três princípios éticos, foi o
pontapé inicial que a bioética necessitava para sua
definitiva organização nos centros universitários e
acadêmicos. Foi então, a partir da publicação do

relatório que teve início a formalização definitiva da bioética como um novo campo disciplinar.

AS PRIMEIRAS PUBLICAÇÕES

Os anos 1970 marcaram o inicio da era acadêmica da bioética. Foram publicados os primeiros livros e artigos sobre o tema, e propostas teóricas específicas para os conflitos morais característicos da bioética foram discutidas. Dentre as muitas publicações desse período, duas vêm sendo particularmente importantes.

O livro *Problemas Morais na Medicina*, organizado pelo filósofo Samuel Gorovitz e publicado pela primeira vez em 1976, foi o precursor de uma série de estudos que correlacionavam os estudos éticos às situações médicas conflituosas, tais como o aborto ou a eutanásia. A iniciativa desse livro marcou, pela própria composição de autores, a proposta interdisciplinar da bioética: médicos e filósofos foram convidados a expor suas opiniões e argumentações sobre temas clássicos de conflito moral na saúde. Dentre os autores da coletânea, alguns se tornaram referência para os estudos da bioética nos anos 1990, como foi o caso de Ruth Macklin e Susan Sherwin (ambas filósofas).

Na esteira do movimento crítico da época, Gorovitz, na introdução do livro, também fazia referências à ruptura com o tradicionalismo da ética médica, isto é, com a falência da ética à beira do leito a que se referia Rothman. Segundo Gorovitz, o postulado comumente aceito pelo senso comum de que o "especialista em decisões médicas é também especialista em decisões éticas" deveria ser questionado, tornando possível que outros atores sociais participassem do processo de decisão ética[3]. Era preciso, portanto, que os pressupostos de responsabilidade e arrogância da técnica fossem postos em dúvida, pois, como regra geral, eram eles que justificavam a autoridade médica em situações de conflito. Em nome disso, o autor sugeria certa apologia da autonomia como princípio regulador: "...somente um ponto de vista seguro sobre a autonomia individual (...) e as considerações do que é relevante para determinar o valor da vida em geral ou de uma determinada vida em particular faz com seja possí-

---

[3] Gorovitz, Samuel; Jameton, Andrew L.; Macklin, Ruth; O'Connor, John M.; Perrin, Beverly Page St. Clair & Sherwin, Susan. *Moral Problems in Medicine*. New Jersey: Prentice-Hall, 1976.

vel desenvolver uma perspectiva consistente sobre vários e diferentes problemas morais..."[4].

A despeito da diversidade de opiniões e autores presentes na coletânea, o espírito do livro sugeria que não era possível, tampouco necessária, a eleição de um agente social para o papel de especialista em decisões éticas, uma vez que, para Gorovitz, seria possível enumerar uma série de possibilidades: médicos, enfermeiras, estudantes de medicina ou de enfermagem, ou mesmo outros indivíduos que estivessem junto com os pacientes estariam aptos a cumprir esse papel. Mas, além dessa postura crítica de vanguarda, a opção temática do livro já apontava para os assuntos que viriam, alguns anos depois, a ser considerados campo analítico preferencial da bioética: a relação médico-paciente, consentimento livre e esclarecido, paternalismo, eutanásia, suicídio assistido, aborto, além de questões relacionadas à justiça social foram exaustivamente discutidos. Como é possível perceber por essa publicação, desde muito cedo questões relacionadas aos limites da vida mobilizaram a atenção dos pesquisadores da bioética.

[4] Gorovitz, Samuel; Jameton, Andrew L.; Macklin, Ruth; O'Connor, John M.; Perrin, Beverly Page St. Clair & Sherwin, Susan. *Moral Problems in Medicine.* New Jersey: Prentice-Hall, 1976: 04.

Infelizmente, as situações que impulsionaram seu surgimento, como a vulnerabilidade dos indivíduos decorrente das estruturas sociais de dominação, fossem elas de raça, gênero ou classe, foram grosseiramente abandonadas.

A TEORIA PRINCIPIALISTA

A coletânea organizada por Gorovitz teve o mérito de ter sido pioneira no assunto, porém foi somente com a publicação de *Princípios da Ética Biomédica*, de autoria do filósofo Tom Beauchamp e do teólogo James Childress, em 1979, que a bioética consolidou sua força teórica, especialmente nas universidades estadunidenses. *Princípios da Ética Biomédica* foi a primeira tentativa bem-sucedida de instrumentalizar os dilemas relacionados às opções morais das pessoas no campo da saúde e da doença ou, nas palavras dos autores, "...este livro oferece uma análise sistemática dos princípios morais que devem ser aplicados à biomedicina..."[5]. A proposta teórica de Beauchamp e Childress seguia a trilha aberta pelo Relatório Belmont alguns anos antes, defendendo a ideia de que os conflitos morais pode-

---

[5] Beauchamp, Tom L. & Childress, James F. *Principles of Biomedical Ethics.* New York: Oxford University Press, 1979: vii.

riam ser mediados pela referência a algumas ferramentas morais, os chamados princípios éticos.

De acordo com o recorte ético já predefinido pelo Relatório Belmont, documento de cuja elaboração Beauchamp havia participado, *Princípios da Ética Biomédica* sugere, então, quatro princípios éticos como base de uma teoria bioética consistente: autonomia (o chamado respeito às pessoas), beneficência, não maleficência e justiça[6]. As novidades, portanto, o princípio da não maleficência, que para muitos autores seria uma declinação do mandamento hipocrático de beneficência, e a substituição do princípio de respeito às pessoas pela autonomia foram duas mudanças de forte impacto para a bioética dos anos 1970. Em nome disso, a teoria principialista, termo genérico pelo qual ficou conhecida a teoria dos quatro princípios éticos elaborada por Beauchamp e Childress, constituiu-se a teoria dominante da bioética por cerca de duas décadas, confundindo-se, inclusive, com a própria disciplina[7].

---

[6] Beauchamp, Tom L. & Childress, James F. *Principles of Biomedical Ethics.* New York: Oxford University Press, 1979, 314 p. Ver também: Beauchamp, Tom L. & Childress, James F. *Principles of Biomedical Ethics.* 4th ed. New York: Oxford University Press, 1994. 546 p.

[7] Garrafa, Volnei; Diniz, Debora; Guilhem, Dirce. Bioethical language and its dialects and idiolects. *Cadernos de Saúde Pública,* Número Especial em Língua Inglesa. v. 15, supl. 1, 1999, p. 35-42.

Vale lembrar que muitos autores consideram um erro conceitual denominála teoria principialista, uma vez que as teorias de ética prática ou aplicada farão sempre referência a princípios éticos como bases norteadoras para os conflitos morais, ou seja, em alguma medida, quase todas as teorias da bioética seriam também teorias principialistas. Apesar de esse preciosismo teórico fazer sentido, o uso notório do termo na bioética justifica a referência exclusiva à obra de Beauchamp e Childress.

Alguns pontos conceituais do Relatório Belmont mereceram críticas por ocasião da publicação de *Princípios da Ética Biomédica* – a definição do princípio de respeito às pessoas foi o de maior importância. Segundo os autores, o relatório teria colocado sob uma mesma referência dois princípios independentes: o princípio do respeito à autonomia e o princípio de proteção e segurança às pessoas incompetentes. Em nome disso, e no intuito de demarcar a fronteira entre os dois preceitos éticos, o princípio de respeito às pessoas transformou-se especificamente no princípio da autonomia[8]. Na

---

[8] Beauchamp, Tom L. The principles approach. *Hastings Center Reports*, v. 23, n. 6, Nov./Dec., 1993. Special Supplement, p. S 9. Ver Beauchamp, Tom L. & Childress, James F. *Principles of Biomedical Ethic*. New York: Oxford University Press, 1979:56. Ver também: Beauchamp, Tom L. & Childress, James F. *Principles of Biomedical Ethic*. 4th ed. New York: Oxford University Press, 1994: 120.

verdade, na primeira edição de *Princípios da Ética Biomédica,* a referência era ao princípio da autonomia e não ao princípio de respeito à autonomia, tal como, hoje, Beauchamp e Childress o denominam. Essa mudança, de fundamental importância para o debate bioético recente, somente ocorreu por ocasião da publicação da quarta edição da obra, em 1994, uma versão bastante modificada da original dos anos 1970. Para Ezekiel Emanuel, resenhista da última edição do livro, fica evidente o quanto os autores rejeitaram o modelo original da teoria principialista, sendo oferecida uma compreensão diferente e até mesmo mais adequada da teoria dos quatro princípios[9].

Mas se o princípio da autonomia foi alvo de tantas discussões e deliberações em relação ao proposto pelo Relatório Belmont, o desdobramento do princípio da beneficência foi mais facilmente aceito: era preciso diferenciá-lo do princípio de não maleficência. Foi assim que, das ideias de beneficência e autonomia originalmente presentes no relatório, *Princípios da Ética Biomédica* apresentou um tripé básico de ética aplicada: beneficência, autonomia e não maleficência eram princípios que se encontra-

---

[9] Emanuel, Ezekiel J. The beginning of the end of the principlism. *Hastings Center Reports,* v. 25, n. 4, July-August, 1995, p. 37-38.

vam associados pela ideia de respeito à autonomia das pessoas, mas também pela proteção e segurança de seus interesses, mesmo em situações de vulnerabilidade física ou social. Dessa forma, os dois princípios propostos pelo documento transformaram-se em três. Segundo Beauchamp, a diferença básica e aparentemente discreta transformou substantivamente a proposta filosófica do Relatório Belmont, quando comparada à desenvolvida pelos dois autores.

Por fim, o princípio da justiça foi o que menor força adquiriu na proposta teórica do principialismo. Dentre uma gama possível de razões, Beauchamp e Childress sugerem que a ausência se deve ao fato de o princípio da justiça ser um referencial de maior peso argumentativo e teórico entre outras áreas do conhecimento, tais como a saúde pública, a economia ou a política[10]. Na verdade, esse vácuo ético do debate sobre justiça não foi apenas característico da teoria principialista, mas de praticamente todas as teorias bioéticas dominantes nas duas primeiras décadas de institucionalização da disciplina. Seguramente, enfrentar o paradigma da justiça no

---

[10] Beauchamp, Tom L. The principles approach. *Hastings Center Reports*, v. 23, n. 6, Nov./Dec., 1993. Special Supplement, p. S 9.

campo dos conflitos morais é uma tarefa infinitamente mais dura e dramática que a defesa dos três outros princípios citados. O tema da justiça somente ganhou força muito recentemente, e seu poder argumentativo é oriundo de intelectuais fora do eixo tradicional de produção do pensamento bioético.

Tendo por base a primeira edição de *Princípios da Ética Biomédica,* é possível obter um panorama geral da proposta dos autores. O livro direcionava-se a um público bastante eclético: médicos, enfermeiras, professores, pesquisadores, responsáveis pela elaboração de políticas públicas de saúde, estudantes, teólogos e cientistas sociais, entre outros. Essa variedade de perspectivas que a obra acreditava poder alcançar já reforçava de certa maneira o espírito multidisciplinar da bioética e também apontava para a falência da autoridade da técnica no campo ético, legitimando a presença dos estrangeiros no debate biomédico. O objetivo do livro foi, então, permitir uma análise sistemática dos princípios morais que deveriam nortear a mediação de dilemas relacionados à prática biomédica. Na concepção dos autores, a ética biomédica (um sinônimo para a bioética comumente utilizado em países de tradição francesa), por ser um exercício de ética aplicada, deveria considerar o processo de implementação prática das teorias em, pelo menos, três esferas da realidade: a prática terapêutica, a oferta de serviços de saúde e a pesquisa médica e biológica[11].

Para a realização dessa proposta, os autores buscaram inspiração em algumas ideias já clássicas do pensamento filosófico ocidental. Algumas pistas são explicitamente fornecidas pelos próprios autores. Eles sugerem que a teoria principialista teria assumido como orientação básica os modelos éticos utilitarista, de que David Hume, Jeremy Bentham e John Stuart Mill teriam sido a inspiração, e deontológico, baseado nas ideias de certos filósofos gregos, tais como Aristóteles e Hipócrates, e mais profundamente em Immanuel Kant[12]. Certamente, essa dupla opção teórica, uma combinação frágil que permitiu a entrada dos primeiros críticos à teoria principialista na bioética, não se deu por acaso. Beauchamp e Childress tentaram combinar, em uma mesma perspectiva teórica, propostas de decência coletiva com as liberdades individuais, de

---

[11] Beauchamp, Tom L. & Childress, James F. Preface. In: *Principles of Biomedical Ethics.* New York: Oxford University Press, 1979: vii-viii.

[12] Beauchamp, Tom L. & Childress. James F. Utilitarism and deontological theory. In: *Principles of Biomedical Ethics.* New York: Oxford University Press. 1979: 20-53.

solidariedade com privacidade, de tolerância com pluralismo. Uma combinação de ideais de moralidade coletiva, à qual poucos teóricos da filosofia moral apresentariam restrições, muito embora muitos considerem um projeto impossível de ser executado.

A análise dos quatro princípios deve, então, ser feita à luz dessas considerações. O primeiro princípio, e o que maior peso assumiu na bioética desde então, o da autonomia, sugere que o pré-requisito para o exercício das moralidades é a existência de uma pessoa autônoma. Apesar de ser um conceito circular, isto é, para o exercício da autonomia é necessário que o indivíduo seja autônomo, o princípio aponta para dois valores considerados fundamentais no pensamento liberal, especialmente o de inspiração estadunidense: a competência e a liberdade individuais. Seguramente, são valores, assim como o próprio princípio da autonomia, difíceis de ser definidos.

O princípio da autonomia baseia-se nos pressupostos de que a sociedade democrática e a igualdade de condições entre os indivíduos são os pré-requisitos para que as diferentes morais possam coexistir. Nessa construção ideal de sociedade, vários entraves morais podem ser levantados – o mais importante deles é a definição do que viria a ser um comportamento intolerante para determinada sociedade, ou seja, até que ponto o indivíduo poderia exercer sua autonomia. A existência da noção moral de respeito à autonomia significa que a auto-determinação do agente moral só poderá ser considerada desde que não ocasione danos ou sofrimentos a outras pessoas[13]. Além disso, é preciso fazer uma diferenciação entre a autonomia e o respeito à autonomia dos indivíduos. As pessoas tradicionalmente consideradas dependentes e, muitas vezes, vulneráveis, como as crianças, os deficientes mentais, os idosos e mesmo os pacientes dentro de uma hierarquia rígida e de estruturas fechadas dos serviços de saúde, devem ter sua integridade e desejos protegidos, muito embora não sejam capazes de exercer plenamente a autonomia. Muitas vezes a debilidade provocada por certas doenças incapacitantes compromete o exercício da liberdade, impedindo a expressão da vontade de cada indivíduo. Em nome disso, o debate sobre a defesa e o respeito à autonomia tornou-se um ponto-chave para a bioética. Formou-se até mesmo um certo consenso entre as mais variadas correntes teóricas da bioética de

---

[13] Beauchamp, Tom L. & Childress, James F. The principle of autonomy. In: *Principles of Biomedical Ethics.* New York: Oxford University Press, 1979: 56-95.

que a preservação da autonomia de cada indivíduo, e aí incluem-se suas opções morais sobre os padrões de bem-viver, deveria ser um dos carros chefes da disciplina.

Tornou-se, então, fundamental encontrar uma saída eticamente aceitável para que os indivíduos social e fisicamente vulneráveis fossem respeitados em suas escolhas morais. A dificuldade, entretanto, estava na fronteira tênue entre a proteção e a autoridade, pois em nome dessa proteção de vulneráveis pode-se justificar, por exemplo, o silenciamento de certas opções discordantes. A incapacidade, temporária ou permanente, justificava a sobreposição entre autoridade médica e autoridade ética. Não é sem razão que o conceito de paternalismo médico fez parte do debate bioético, constituindo ainda hoje um tema importante para a discussão.

A introdução do termo de consentimento informado foi, então, a saída formal encontrada para que se pudesse garantir os interesses e a proteção dos pacientes, tanto em situações de pesquisa como de atendimento clínico[14]. O consentimento livre e esclarecido como estratégia burocrática

---

[14] Adotaremos a conceituação brasileira, "consentimento livre e esclarecido", no lugar de consentimento informado.

de salvaguarda teve seus méritos, mas também se mostrou contraditório pela própria definição. Na opinião de Beauchamp e Childress, para que fosse possível reconhecer a validez de um consentimento livre e esclarecido, era preciso que o indivíduo demonstrasse: competência para decidir; domínio de informações detalhadas a respeito do seu caso e das diferentes possibilidades terapêuticas a ele relacionadas; capacidade para compreender as informações recebidas para que pudessem embasar o processo de tomada de decisões; e oportunidade para escolher livre e voluntariamente a opção mais adequada para o seu caso, sem estar submetido à coerção de outras pessoas ou instituições[15]. O fato é que a capacidade de agir livremente de certos grupos, ou mesmo de indivíduos vulneráveis, é proporcional ao respeito à autonomia das pessoas que as "protegem", sejam elas os cuidadores ou os profissionais de saúde. Muito embora os autores de *Princípios da Ética Biomédica apresentem* uma proposta que enfatiza o exercício da liberdade de todos os atares envolvidos no processo, nas situações

[15] Beauchamp, Tom L. & Childress. James F. The principle of autonomy. In: *Principles of Biomedical Ethics.* New York: Oxford University Press. 1979: 62-82.

concretas esse projeto tem-se demonstrado praticamente inviável, principalmente no que concerne aos indivíduos em situação de vulnerabilidade. Os pré-requisitos que atestam a validez de um consentimento livre e esclarecido, infelizmente, não são para todos, apenas para uma reduzida minoria de indivíduos socialmente privilegiados.

Já o princípio da não-maleficência, um herdeiro da tradição deontológica hipocrática, está associado à máxima *primum non nocere* – "acima de tudo, não cause danos". Por ser considerado um princípio negativo, em contraposição à positividade da beneficência, sua aplicação a algumas situações da prática biomédica vem sendo contestada. Os limites maldefinidos entre os dois princípios, beneficência e não-maleficência, ainda hoje suscitam grandes e acalorados debates. Eis alguns exemplos de situações de fronteira entre os deveres de beneficência e de não-maleficência: o caso da suspensão de tratamentos extraordinários para pacientes com morte física iminente; o tratamento de recém-nascidos com sérias limitações físicas; o aborto de crianças com anomalias fetais graves; o processo decisório de pessoas incompetentes. Nesses e noutros casos, a dúvida moral que surge é derivada da indefinição sobre os valores que estariam embasando os princípios, como o que viria a ser o bem e o mal para cada indivíduo. Sendo assim, não é possível dizer se a interrupção da gestação em casos de graves anomalias fetais será sempre uma atitude baseada no princípio da beneficência ou da não-maleficência. Para que a decisão pela cirurgia seja expressa em nome de um desses valores éticos, é preciso que a gestante assim o faça. Nesse sentido, a fragilidade dos princípios não é derivada de um deslize da teoria principialista, mas decorrente da impossibilidade de encontrarmos saídas boas ou más universalmente válidas.

Mas, diferentemente dos três princípios acima discutidos, o princípio da justiça seria o que aponta com maior ênfase para o papel das sociedades e dos movimentos sociais organizados na bioética. A justiça distributiva, um conceito caro ao liberalismo estadunidense, traz à tona o problema da resolução de conflitos existentes entre reivindicações e interesses particulares em contraposição aos interesses da sociedade. As regras de justiça serviriam para contrabalançar os diferentes, e muitas vezes conflituosos, interesses que emergem da vida coletiva. Seguramente, apesar de o princípio da justiça estar dentre aqueles que maior importância vem assumindo na bioética desde os anos 1990, sua aplicabilidade é ainda bastante limitada. A maior dificuldade para o desenvolvimento de políticas públicas baseadas no princípio da justiça está na existência de sérias dúvidas sobre o que poderia ser necessário para a sociedade e que, ao mesmo tempo, também garantiria os interesses individuais. Em nome dessas dificuldades, o princípio da justiça foi, dentre os quatro princípios enumerados pela teoria principialista, o que menor repercussão gerou entre os pesquisadores da bioética.

Os princípios lançados na bioética por Beauchamp e Childress diziam respeito diretamente à relação médico-paciente. Uma análise detalhada permite compreender por que essa teoria manteve a hegemonia acadêmica por um período tão prolongado e, também, por que foi amplamente difundida nos Estados Unidos e nos países periféricos e importadores das teorias bioéticas[16]. Nos anos 1980, vários pesquisadores, críticos da teoria principialista, empenharam-se em demonstrar a falácia argumen-

---

[16] Para um maior aprofundamento sobre os conceitos de países centrais e periféricos em teorias bioéticas, ver a argumentação de Garrafa, Volnei; Diniz. Débora; Guilhem, Dirce. The bioethic language, its dialects and idiolects. *Cadernos de Saúde Pública*. Número Especial em Língua Inglesa. v. 15. supl. 1, 1999, p. 35-42. Ver também: Diniz, Debora; Guillem, Dirce & Garrafa, Volnei. Bioethics in Brazil. *Bioethics*, v. 13. n. 3/4, July, 1999, p. 244-248.

tativa das ideias expostas em *Princípios da Ética Biomédica*. Dentre as críticas mais importantes, duas merecem ser lembradas.

A primeira é a que identificou os pressupostos filosóficos da teoria principialista. O idealismo que permitiu a rápida difusão da teoria entre os pesquisadores da bioética também determinou sua fragilidade. O indivíduo idealizado por *Princípios da Ética Biomédica* é um ser humano sem contrapartida no mundo real. Curiosamente, é um sujeito livre das hierarquias e de todas as formas de opressão social. Na verdade, Beauchamp e Childress fizeram algumas ressalvas a esse modelo da autonomia como algo inerente ao ser humano: presos, crianças, senis ou pessoas com distúrbios psiquiátricos seriam exemplos de indivíduos com autonomia debilitada. Mas o fato é que essas ressalvas serviram antes para reforçar o valor da autonomia como algo intrínseco ao ser humano e, portanto, absolutizável, e assim permitiram análises críticas em torno do princípio. Em nome da construção de um modelo teórico passível de universalização, a teoria principialista pressupôs um indivíduo livre dos constrangimentos sociais, esquecendo que em contextos de desigualdade social não é possível o exercício pleno da liberdade. Sob a ditadura da opressão, a vontade do oprimido é antes a expressão da moralidade dominante que uma escolha livre. E para se referir à liberdade ou mesmo à autonomia é preciso que a pessoa esteja livre de todas as formas de opressão social. Definitivamente é preciso uma certa dose de crítica à hegemonia da autonomia em contextos de desigualdade. Isso, infelizmente, a teoria principialista desprezou.

Mas foi exatamente esse idealismo universalizante da teoria o que seduziu os primeiros teóricos da bioética. A teoria principialista tornou-se sinônimo de uma técnica ética, facilmente propagada em congressos, seminários e encontros. A fórmula mágica, "os quatro princípios éticos", converteu-se em uma espécie de mantra capaz de mediar grande parte dos conflitos morais listados como típicos da bioética. O suposto espírito transcultural da teoria principialista fazia seus seguidores defenderem que os valores éticos propostos serviam para toda a humanidade. E foi exatamente essa falência universalista da teoria principialista a segunda grande crítica que os teóricos da fase pós-principialista apontaram. Em nome de um projeto ético comum para todos, as diferenças existentes entre as inúmeras culturas e mesmo dentro dos arranjos sociais de cada cultura foram deliberadamente ignoradas.

Nesse sentido, durante quase vinte anos a bio-ética demonstrou sua fraqueza em enfrentar a crueldade inerente aos conflitos morais, aos interesses e desejos das pessoas. Na verdade foi mais do que isso: a disciplina que havia surgido para ampliar nosso horizonte do possível havia se confortado com a tranquilidade de certas verdades instituídas, os sagrados princípios éticos[17]. Seria somente a partir dos anos 1990 que essas teorias tranquilizadoras começariam a ser colocadas em dúvida. Mas, antes disso, como parte dessa guinada teórica no espírito da bioética, surgiram as primeiras correntes críticas à teoria principialista, que revigoraram o espírito de dúvida da bioética, preparando o terreno para o renascimento dos anos 1990.

---

[17] Diniz, Debora. _Conflitos Morais e Bioética_. Brasília. LetrasLivres. 2001.

AS PRIMEIRAS PERSPECTIVAS CRÍTICAS

OS LIMITES DA TEORIA PRINCIPIALISTA

Ao final da década de 1970 estava demarcado o campo da bioética. É interessante notar que a proposta progressista da disciplina, uma possibilidade de mediar os dilemas morais em saúde de forma abrangente e pluralista, não teve correspondência nas publicações e na prática dos primeiros pesquisadores da bioética. Mas o fato de a teoria principialista ter ficado por tanto tempo "colada" à própria bioética provocou sérios mal-entendidos à disciplina. O mais grave deles, um erro argumentativo que ainda persiste entre certos pesquisadores de bioética periférica, é o que confunde a disciplina com uma de suas correntes teóricas. Ou seja, para muitos replicadores, a teoria principialista seria a própria bioética. Um erro simples de confusão da parte com o todo, mas que deixou marcas profundas na proposta teórica e social da disciplina, que os primeiros críticos da teoria principialista tiveram de arduamente combater. Sendo assim, os escritos críticos iniciais em bioética não se preocuparam diretamente em recuperar o espírito original da disciplina, isto é, ser uma nova perspectiva filosófica e prática sobre o conflito moral, muito embora tenham tido o mérito de proclamar a independência da bioética em relação à teoria principialista.

O trabalho dos filósofos Danner Clouser e Bernard Gert foi particularmente decisivo para essa fase. Após analisarem as primeiras edições de *Princípios da Ética Biomédica* (e é preciso deixar claro que há muitas diferenças das primeiras edições da obra para a reedição de 1994), os autores apontaram dois grandes problemas[1]. O primeiro deles, de cunho epistemológico, foi o que condensou os maiores esforços argumentativos desses estudos críticos. Segundo Clouser e Gert, a bioética trouxe contribuições para os estudos em filosofia moral, especial-

---

[1] Ezekiel Emanuel, por exemplo, em The beginning of the end of principlism, sugere que a 4ª edição de *Princípios da Ética Biomédica* representa "o fim do principialismo" em nome das mudanças que foram feitas com relação à 1ª edição. *Hastings Center Report*, v. 25, 1995, p. 37-38.

mente para a ética prática. No entanto, para os autores, a estrutura do pensamento argumentativo de qualquer teoria moral teria sido desrespeitada pela teoria principialista. O ciclo realidade/conflito moral/resolução ética exige a referência a uma teoria moral. E, para os filósofos, a teoria principialista seria antes uma espécie de *bricolage* da história da filosofia que uma teoria no sentido acadêmico do termo. Sendo assim, o argumento fundamental dos dois críticos destituía o *status* teórico das ideias de Beauchamp e Childress, considerando-as uma compilação grosseira e reduzida de quatro grandes teorias da filosofia moral em quatro princípios: a autonomia de Immanuel Kant; a beneficência de John Stuart Mill; a não maleficência da tradição hipocrática; e a justiça de John Rawls[2].

E como resultado dessa *bricolage* filosófica, os quatro princípios da teoria principialista não se encontravam unidos por um corpo teórico unifor-

---

[2] Clouser, K. Danner & Gert, Bernard. A critique of principlism. *The Journal of Medicine and Philosophy*. n. 15, 1990, p. 219-223. Na verdade, os autores dizem que o princípio da não maleficência estaria embasado nas ideias de Gert. Talvez do ponto de vista da microhistória da bioética, a referência esteja correta. No entanto, os autores deliberadamente ignoram a força que esse princípio possui na ética médica de inspiração hipocrática, por isso a opção por manter a não maleficência como uma herança hipocrática.

me, pois, nas palavras de Clouser e Gert: "...já que inexiste uma teoria moral que ligue os princípios, não há um guia único para ação que promova regras claras, coerentes e compreensíveis, tampouco que as justifique..."[3]. Essa é uma dificuldade comprovada pelas tentativas práticas de instrumentalizar os princípios diante de casos concretos de conflito moral. Ao inexistir uma conexão entre eles, cada princípio pressupõe uma soberania em relação aos outros, havendo uma espécie de disputa. Como não há prioridades nem existem procedimentos específicos que solucionem as dúvidas sobre qual valor deve dominar, as soluções dependem de julgamentos particulares sobre a importância de cada princípio.

Dentre uma infinidade de situações que apontariam para esse conflito entre os princípios, o exemplo da dependência ao fumo é significativo. O que deve ser mais importante: respeitar a autonomia do indivíduo e não proibi-lo de fumar, mesmo diante de um quadro de infecção pulmonar, ou, em nome da beneficência, impedi-lo de comprar cigarros? Em casos de listas de espera por um pulmão, deve-se considerar a pessoa não fumante prioritária

---

[3] Clouser K. Danner & Gert, Bernard. A critique of principlism. *The Journal of Medicine and Philosophy*, n. 15, 1990: 227

em respeito ao princípio da justiça social? A escolha entre qualquer um dos valores exige uma reflexão sobre que tipo de moralidade e, em última instância, sobre em que tipo de sociedade queremos viver. O fato é que não há nada na natureza da dependência ao fumo ou mesmo na essência do humano que determine o porquê de escolher qualquer um dos princípios. Na verdade, não há uma hierarquia prevista do princípio da autonomia sob o da beneficência ou da não maleficência sob o da justiça, por exemplo. Essa suposta maleabilidade dos princípios, sua condição de *prima facie,* foi ao mesmo tempo o que determinou sua sedução instrumental, mas também o que suscitou a crítica que mais duramente ressoou nas intenções acadêmicas da bioética. Na realidade, a conclusão deixada por Clouser e Gert era que, uma vez não estabelecida a inter-relação e a hierarquização entre os princípios, eles competiriam entre si e falhariam como instrumentos de mediação para os conflitos morais, tal como no exemplo do fumo[4].

---

[4] Clouser K. Danner & Gert, Bernard. A critique of principlism. *The Journal of Medicine and Philosophy*, n. 15, 1990 p. 219-223. Clouser K. Danner & Gert, Bernard. Morality vs. principlism. In: Gillon, Raanan & Loyd, Ann (Ed.) *Principles of Health Care Ethics.* New York: John Wiley & Sons Ltd, 1994. p. 251-266. Gert, Bernard; Culver, Charles M. & Clouser, K. Danner. "Principlism". In: *Bioethics: a Return to Fundamentals.* New York/Oxford: Oxford University Press, 1997. p. 71-92.

Na verdade, o que se pode verificar nesses vinte anos de hegemonia da teoria principialista na bioética é um predomínio do princípio da autonomia sobre os outros três. Indiferentemente ao fato de ser este um valor fundamental às sociedades democráticas e que hoje representa um dos pilares das conquistas internacionais para a manutenção da dignidade humana, essa hierarquização não prevista pela teoria corrobora a critica de Clouser e Gert. Sendo assim, em vez de ignorar as diferenças entre os valores, Beauchamp e Childress teriam tido maior sucesso argumentativo caso reconhecessem a hierarquização entre os valores escolhidos como princípios. Seguramente, a priorização da autonomia teria sido aceita pela bioética, até mesmo porque assim vem sendo reconhecida, a despeito de ser uma força conquistada pelo uso e não pelos pressupostos teóricos do principialismo.

A Segunda crítica – a mais importante para o desenvolvimento da bioética mostrava que a categoria "princípio" teria sido inadequadamente utilizada pelos autores de *Princípios da Ética Biomédica*. Na história da filosofia moral, os princípios assumiram o papel de guias para a ação, resumindo e circunscrevendo o campo de atuação de uma determinada teoria que, por sua vez, orientaria o agente moral no processo de tomada de decisões. Mas, segundo a perspectiva de Clouser e Gert, os princípios da teoria principialista não cumpririam esses requisitos teóricos e práticos, sendo antes um *checklist* normativo que, ao facilitar o processo de julgamento da tomada de decisão moral, obscureceria as dificuldades inerentes ao processo: "...regra geral, os princípios da teoria principialista parecem funcionar como lembretes de tópicos ou pontos que um agente moral deveria considerar para a tomada de decisão..."[5]. Apenas indicar "faça isso, não faça aquilo" não seria suficiente para assegurar ao sujeito um sistema moral unificado que orientasse a ação. Em nome disso, a crítica dos autores resumiu-se a uma expressão mordaz acerca da teoria principialista: "...simplesmente, ela é uma técnica sofisticada para lidar com os problemas *ad hoc*..."[6].

Alguns problemas adicionais relacionados à teoria dizem respeito, por exemplo, ao fato de o principialismo negligenciar a dimensão relacional das

---

[5] Gert, Bernard; Culver, Charles M. & Clouser, K. Danner. Principlism. In: *Bioethics: a Return to Fundamentals*. New York/Oxford: Oxford University Press, 1997: 87.

[6] Gert, Bernard; Culver, Charles M. & Clouser, K. Danner. Principlism. In: *Bioethics: a Return to Fundamentals*. New York/Oxford: Oxford University Press, 1997: 87.

pessoas, com narrativas particulares e contextos sociais específicos. A interdependência sócio-moral dos indivíduos e suas atitudes solidárias na coletividade foram amplamente desconsideradas. De certa forma, esse abandono do indivíduo a si mesmo foi resultado não apenas da sobrevalorização da ideologia individualista pela cultura estadunidense, mas principalmente das bases filosóficas das quais o principialismo inspirou-se. Para a teoria principialista, o processo decisório da ética seria fruto de uma atitude racional dos seres humanos, havendo pouco espaço para as emoções ou mesmo para as incongruências, características da dúvida moral.

Apesar de a sedução instrumental da teoria ainda justificar grande parte de sua hegemonia, os limites da teoria tornaram-se gradativamente mais explícitos. E, nesse movimento crítico iniciado por Clouser e Gert, pesquisadores oriundos de países periféricos da bioética têm assumido um papel fundamental. Coube aos periféricos enumerar as incompatibilidades locais diante dos princípios éticos eleitos por *Princípios da Ética Biomédica* como universais. Pela primeira vez, o discurso multiculturalista surgiu com um contraponto crítico às propostas universalizantes da ética filosófica. Foi assim que, para essa segunda fase de crítica ao principialismo, o resgate das diferenças culturais assumiu um papel decisivo na articulação das diferenças entre as crenças morais. Resta saber, no entanto, se esse movimento crítico em torno da teoria dos princípios, encabeça do por pesquisadores periféricos, terá condições de se transformar em uma linguagem audível ou se manterá apenas como mais um ruído sobre a diferença.

OS PERIFÉRICOS DA BIOÉTICA

Os conceitos de central e periférico foram originalmente desenvolvidos nas ciências humanas por Roberto Cardoso de Oliveira, um antropólogo dedicado à análise do conhecimento antropológico e de suas formas de difusão pelo mundo[7]. O modelo analítico de Cardoso de Oliveira para a antropologia, a relação entre países centrais e periféricos na produção do conhecimento antropológico, mostrou-se também de muita valia para o mapeamento do pensamento bioético e de sua propagação nos mais diversos centros de ensino e pesquisa. Em um artigo

---

[7] Para uma análise da proposta de Cardoso Oliveira na antropologia, vide: Por uma etnografia das antropologias periféricas. In: *Sobre o Pensamento Antropológico*. Rio de Janeiro. Paz e Terra. 1988.

intitulado *A Língua Bioética, Seus Dialetos e Idioletos*, Volnei Garrafa, Debora Diniz e Dirce Guilhem esboçaram uma proposta semelhante à de Cardoso de Oliveira para o pensamento bioético[8]. Segundo os autores, também seria possível pensar em uma estrutura relacional para a produção do conhecimento bioético, em que certos países assumiriam uma posição central como propagadores de ideias e teorias, ao passo que outros se definiriam pela importação desse corpo teórico.

As bioéticas periféricas seriam aquelas desenvolvidas nos países periféricos da bioética, isto é, países em que a disciplina surgiu mais tardiamente e onde os estudos vêm se caracterizando pela importação de teorias dos países centrais, aqueles onde originalmente nasceu e se consolidou. Mas, ao contrário do que possa parecer à primeira vista, os conceitos de

---

[8] Garrafa, Volnei; Diniz, Debora; Guilhem, Dirce. Bioethical language and its dialects and idiolects. *Cadernos de Saúde Pública*, Número Especial em Língua Inglesa. v. 15, supl. 1. 1999. p. 35-42. A tradução deste artigo foi divulgada na Série Bioética, com o título: O Idioma Bioético, seus dialetos e idioletos. Núcleo de Estudos e Pesquisas em Bioética. Brasília. Universidade de Brasília. 1998. Sobre o mesmo tema vide também: Diniz, Debora; Guilhem. Dirce; Garrafa, Volnei. Bioethics in Brazil. *Bioethics*, v. 13, n. 3/4. July 1999. p. 244-248. Diniz, Debora; Velez, Ana Cristina G. Bioética feminista: a emergência da diferença. *Revista de Estudos Feministas*. v. 6, n. 2, 1998, p. 255-263.

centro e periferia não implicam em um julgamento valorativo sobre a estrutura do pensamento de cada país, ou, nas palavras de Cardoso de Oliveira, centro e periferia "...não possuem mais do que um significado geométrico, certamente em 'n' dimensões, em que espaço e tempo são igualmente levados em conta, sem, porém, implicarem um quadro valorativo, isto é, de 'boa' e 'má' ciência..."[9]. Ou seja, centro e periferia somente existem em relação mútua e não são conceitos estanques, podendo um país ser periférico e central ao mesmo tempo, a depender das referências a serem consideradas. O Brasil é um bom exemplo de um país periférico na produção do pensamento bioético e que, em algumas situações, especialmente no contexto da América do Sul, vem assumindo características centrais.

Dito isso, é fundamental reconhecer que as qualificações de central e periférico são sempre provisórias, pois é possível que um país inicialmente periférico torne-se, com o passar dos anos, central. Assim, um país como a Dinamarca é periférico no que diz respeito à estruturação e à produção de

---

[9] Cardoso de Oliveira, Roberto. Antropologias periféricas versus antropologias centrais. In: *O Trabalho do Antropólogo*. Brasília. Paralelo 15. 1998: 110.

estudos bioéticos, tal como o Brasil, a Espanha ou o Japão. Um país que poderia ser unanimemente considerado central seria os Estados Unidos, sendo um bom indicador desse relativo consenso o fato de alguns autores considerarem a bioética um movimento ainda estadunidense[10]. Sendo assim, as denominações de centro e periferia somente fazem sentido quando em relação mútua, já que sua utilidade está em traçar uma sociometria das transações intelectuais em bioética entre os países. Dentro desse contexto de trocas de conhecimento, a bioética brasileira, por exemplo, se caracterizaria por ser marcadamente importadora de teorias de países centrais da bioética, ou, mais especificamente, se definiria pela importação da bioética estadunidense, sendo a teoria principialista hegemônica.

Durante muito tempo a teoria principialista foi importada para os países de bioética periférica como fórmula mais apropriada para a resolução dos problemas morais decorrentes de situações cotidianas da prática médica e de avanços científicos e tecno-

---

[10] Nas palavras de Diego Gracia, um filósofo espanhol bastante lido em bioética em certos países da América do Sul: "...a bioética vem sendo e ainda é basicamente um movimento dos Estados Unidos..." (The historical setting of Latin American bioethics. *The Journal of Medicine and Philosophy.* v. 21, 1996: 593).

lógicos. No entanto, essa transferência de teorias morais não é um fato tão facilmente incorporado a outras realidades, tal como ocorre com a importação de tecnologias, por exemplo. As teorias éticas trazem consigo os contextos socioculturais de onde foram constituídas, apesar de esse ser um mecanismo teórico ainda largamente ir refletido entre os pesquisadores da bioética. Pressupõe-se que, assim como a técnica que aspira a universalidade por constituição, todas as teorias bioéticas seriam também transculturais, a despeito de suas inspirações filosóficas e morais, muitas vezes locais. A teoria principialista, por exemplo, possui fortes referências à cultura estadunidense (branca, classe média, educada, individualista)[11]. Um exemplo clássico é o caso da sobrevalorização do princípio da autonomia, tão caro à tradição filosófica anglosaxã, mas que exige uma espécie de camisa-de-força para adequá-lo a outras realidades culturais e morais.

Esse incômodo proveniente da inadequação transcultural do principialismo requer desdobramentos críticos e análises detalhadas sobre concepções éticas e culturais particulares a cada povo, uma

---

[11] Diniz, Debora. Técnica, Ética e Medicina. *Projeto de Tese de Doutoramento*. Universidade de Brasília. 1997.

tarefa que acabaria por pressupor que todos os pesquisadores da bioética se transformassem em etnógrafos de diferentes moralidades. Pois somente de posse de uma sensibilidade etnográfica sobre diferentes códigos morais seria possível uma avaliação minuciosa sobre os limites e sucessos de cada princípio, e sua utilidade nas situações de conflito moral. Mas, infelizmente, a tendência dos pesquisadores periféricos da bioética é de ainda incorporar a teoria principialista, sem avaliações críticas com relação às conseqüências dos choques cultural e moral. Apesar de essa opção teórica ser a hegemônica entre os periféricos, algumas exceções críticas valem ser lembradas.

Leonardo de Castro, um pesquisador filipino, no artigo *Transferindo Valores pelo Transporte de Tecnologia*, faz uma análise crítica interessante, mas característica dos periféricos: exemplifica como a incorporação de novas tecnologias de transplante de órgãos provocou o surgimento de novos dilemas morais nas Filipinas[12]. A sua argumentação mostra como, paralela à introdução de novas tecnologias médicas, ocorre também uma transferência de valo-

---

[12] Castro, Leonardo de. Transporting values by technology transfer. *Bioethics*, v. 11, n. 3/4, 1997, p. 193-205.

res, fato que pode acarretar consequências não previstas pela técnica: "...regra geral, a transferência de tecnologia médica deve estar acompanhada de mecanismos apropriados para lidar com a transferência de valores..."[13]. Segundo Castro, caso não haja o acompanhamento crítico das consequências socioculturais da adoção de uma nova tecnologia, os resultados podem ser desastrosos para a integridade moral de um povo.

Para exemplificar o princípio teórico de que as técnicas são inseparáveis das moralidades, o autor analisou o processo de introdução da tecnologia de transplantes de órgãos nas Filipinas perante os conceitos nativos de morte. Para os conceitos culturais filipinos de morte e de integridade corporal, o pressuposto científico da morte cerebral como condição de execução de um transplante implicava uma forte violação de certos princípios básicos da cultura. Mas o interessante dessa análise culturalmente comprometida de Castro é que, muito embora a perspectiva seja crítica em relação à ciência, o tom argumentativo não é de um apelo negativista perante a ciência. Ao contrário, propõe-se apenas que essa asso-

---

[13] Castro, Leonardo de. Transporting values by technology transfer. *Bioethics*, v. 11, n. 3/4, 1997, p.205.

ciação técnica-moralidade seja reconhecida para que não ocorram rejeições grosseiras às novas descobertas científicas, tal como se processou nas Filipinas com a tecnologia de transplantes.

Além da pontualidade desse estudo de caso de Castro acerca das Filipinas, outros exemplos poderiam ser mencionados. O "Congresso de Bioética Estados Unidos-Japão", realizado na cidade de Tóquio, em 1994, foi um marco importante para o debate. O vanguardismo do evento foi registrado no livro *Bioética Japonesa e Ocidental: Estudos de Diversidade Moral*, organizado pelo filósofo japonês Kazumasa Hoshino, autor de uma série de livros e artigos sobre bioética. A discussão sobre a inadequação do termo de consentimento livre e esclarecido, nos moldes ocidentais, à realidade japonesa é uma de suas temáticas favoritas[14]. Dentre outros assuntos, no evento foram discutidas questões relacionadas às similaridades e diferenças entre os posicionamentos éticos japoneses e ocidentais (especialmente estadunidenses), no que se refere aos serviços de saúde, à concepção de morte e transplante de órgãos, e aos sentimentos das pessoas japonesas

---

[14] Hoshino, Kazumasa. *Japanese and Western Bioethics: Studies in Moral Diversity.* Netherlands: Kluver Academic Publishers, 1997.

em relação aos valores morais ocidentais fortemente arraigados e exportados pela teoria principialista[15]. Na verdade, explorou-se o tema do conflito entre moralidades que a aplicação acrítica da teoria principialista provocava ao redor do mundo, tendo os valores japoneses como contrapartida.

Foi de posse da constatação dessas diferenças morais entre a humanidade que Kazumasa lançou uma de suas ideias críticas em relação à bioética que, ainda hoje, é a marca de seu pensamento: "...há muitas diferenças raciais, nacionais, sociais, culturais e religiosas, sutis ou não, entre o Japão e os Estados Unidos. Tais diferenças podem explicar as dificuldades que os japoneses e outras culturas têm em aceitar muitos dos princípios ocidentais da bioética. Na verdade, pode-se até mesmo considerar antiética a imposição da bioética ocidental às mais diferentes sociedades..."[16]. Para o autor, a teoria principialista carregaria consigo certa presunção ocidental em supor que os princípios éticos universais seriam os de inspiração anglo-saxã.

---

[15] O evento contou com a participação de pensadores importantes para a bioética mundial. Somente para exemplificar, estiveram presentes: H. Tristam Engelhardt, Tom Beauchamp, Robert Veatch e o próprio Kazumasa Hoshino.

[16] Hoshino, Kazumasa. *Japanese and Western Bioethics: Studies in Moral Diversity.* Nelherlands: Kluver Academic Publishers, 1997: xi.

Seguramente, a crítica de Kazumasa à teoria principialista, ou mesmo ao que denominava bioética ocidental em sua perspectiva contrastiva das identidades, não foi facilmente degustada pelos teóricos da bioética, até mesmo porque, em sua essência, ela foi uma crítica de abrangência muito maior. O solavanco relativista exigido pelo autor trouxe consigo uma longa e importante reflexão sobre todas as tentativas filosóficas de estabelecimento de padrões universalmente válidos de julgamento moral. Certamente o impacto do argumento de Kazumasa ganhou força com a própria fraqueza desses projetos filosóficos que buscaram ir além da contingência das culturas. Mas, indiferentemente ao fato de a crítica culturalista e relativista do autor poder um dia ser consumada pela bioética, o resultado do movimento de inspiração realista foi a assunção da diferença, o pluralismo moral como valor a ser considerado, ou ainda a urgência de adoção de novos modelos éticos que contemplem a diversidade moral de uma maneira diferente da teoria principialista.

A BIOÉTICA BRASILEIRA

A transculturação da bioética também tem sido tema de reflexão para alguns dos pesquisadores brasileiros. Na verdade, essa perspectiva cultural-mente crítica dos princípios éticos dominantes na bioética é ainda um trabalho solitário, pois, regra geral, a bioética brasileira se caracteriza por certo atraso na adoção da perspectiva crítica da teoria principialista. Grande parte desse fenômeno tardio de hegemonia do principialismo, ainda característico de alguns pesquisadores brasileiros, deve-se às condições intelectuais da parceria entre a bioética e a medicina no país. O alinhamento bioética-medicina não é característica exclusiva do Brasil, sendo, na verdade, um fato comum à grande maioria dos países onde a bioética vem se consolidando. Certas características do pensamento e da prática médicos brasileiros tendem a ser incorporados pelos praticantes da bioética como características da própria disciplina.

A bioética brasileira está marcadamente vinculada à prática médica em todos os seus sentidos: pela eleição de seus temas de estudo e pela trajetória acadêmica e profissional de seus pesquisadores[17].

---

[17] Um bom exemplo de como medicina e bioética encontram-se associadas na realidade brasileira é o caso da revista de divulgação científica mais importante no país sobre bioética *(Bioética)*, organizada e patrocinada pelo Conselho Federal de Medicina (CFM), uma entidade de classe dos médicos de todo o país.

O Brasil, por ter uma medicina basicamente periférica, importa teorias e práticas de países centrais da medicina. Essa tradição importadora da técnica é bem-vista pelos profissionais de saúde do país, fazendo com que tanto melhor seja o médico quanto mais intensa for sua harmonia com as medicinas centrais de sua especialidade. Seguramente, no âmbito da técnica essa importação acrítica da medicina deve apresentar problemas menores que no campo da moral. Pressupõe-se que, assim como a técnica, que se pretende universalizável por constituição, todas as teorias bioéticas seriam também transculturais, a despeito de suas inspirações filosóficas e morais, muitas vezes locais, como é o caso da teoria principialista, que possui fortes referências à cultura estadunidense (branca, classe média, educada). O resultado dessa introdução e aplicação acríticas da teoria é que, em muitas situações, necessita-se de uma camisa-de-força, tal como sugerido por Kazumasa e Castro em seus estudos, para adequar a realidade brasileira aos princípios morais da teoria.

Foi assim que, após um longo período de sedução pela teoria principialista, algumas inquietações começaram a surgir, mesmo que entre um número ainda restrito de pesquisadores. Um exemplo desse processo de incorporação da perspectiva crítica da bioética entre nós são os trabalhos desenvolvidos em conjunto pelo dentista Volnei Garrafa, a enfermeira Dirce Guilhem e a antropóloga Debora Diniz, em que compartilham dessa preocupação relativista, característica da fase pós-principialista da bioética[18]. Na verdade, a proposta dos autores, além do desenvolvimento da perspectiva crítica perante a teoria principialista, é também sair ao encontro de uma voz característica e mais adequada à realidade sociocultural brasileira diante dos dilemas morais típicos da bioética. Em nome disso, os autores não consideram prudente que a bioética brasileira esteja desvinculada de outros debates disciplinares sobre a desigualdade, a vulnerabilidade, a pobreza, o racismo, a desigualdade de gênero, enfim, de outras perspectivas críticas sobre a sociedade e as moralidades.

Mas essa escassez crítica da bioética brasileira é também consequência da estruturação tardia entre nós. Somente nos anos 1990 o tema começou a ensaiar seus primeiros passos sólidos no país. Em 1993, foi lançado o periódico *Bioética*, editado pelo

---

[18] Garrafa, Volnei; Diniz, Debora; Guilhem, Dirce. Bioethical language and its dialects and idiolects. *Cadernos de Saúde Pública,* Número Especial em Língua Inglesa. v. 15. supl. 1, 1999: 35-42. Ver também: Diniz, Debora; Guilhem, Dirce; Garrafa, Volnei. Bioethics in Brazil. *Bioethics,* v. 13, n. 3/4. July 1999. p. 244-248.

Conselho Federal de Medicina (CFM), um órgão da classe médica do país. A revista *Bioética* ainda hoje se mantém como importante referência para o estudo e a pesquisa sobre o tema no país. Outra conquista importante para a bioética brasileira foi a criação da Sociedade Brasileira de Bioética (SBB), uma entidade cujo intuito é agregar os pesquisadores e difundir a bioética no país. Em seguida à publicação da revista e à criação da SBB, em 1996 foi editada uma norma de caráter nacional, conhecida por Resolução 196/96, que regulamentou a criação da Comissão Nacional de Ética em Pesquisa (Conep), uma instância sobrerreguladora dos Comitês de Ética em Pesquisa (CEPs), que foram também institucionalizados em nível local, com o objetivo de acompanhar eticamente as pesquisas que envolvem seres humanos[19]. Fica a cargo da Conep avaliar tanto os conflitos surgidos nos comitês de ética locais como os grandes projetos que tenham referências multicêntricas. Ou seja, com a promulgação da Resolução 196/96, todos os centros de pesquisa do país (aí inclusos hospitais, centros de pesquisa, universidades) tiveram de se organizar para a estrutu-

---

[19] Ministério da Saúde. Conselho Nacional de Saúde. *Diretrizes e Normas Regulamentadoras de Pesquisa Envolvendo Seres Humanos.* Brasília: Abril, 1997.

ração dos comitês de ética. Estima-se que já existam hoje no país cerca de 400 CEPs.

Com a criação dos comitês locais de ética em
pesquisa, houve ampla divulgação e popularização
da bioética e mais especificamente da teoria principialista, já que foi ela a referência teórica para o tex-
to da resolução (especialmente no que toca o princípio da autonomia, instituindo-se a obrigatoriedade
do Termo de Consentimento Livre e Esclarecido
para todos os procedimentos que impliquem pesquisa ou intervenção com seres humanos). Além da
Conep, outra instância importante nesse processo
de democratização do pensamento bioético no país
é o CFM. Em uma iniciativa absolutamente pioneira no mundo, e com o objetivo de popularizar e
divulgar a bioética entre os médicos do Brasil, de
1998 a 2000 foi divulgado o primeiro e ainda único
programa educativo veiculado pela mídia televisiva
sobre bioética, tendo sido produzidos 77 vídeos
educativos sobre os mais variados temas.

Esses foram, então, os primeiros passos estru-
turais dados para a consolidação da bioética no
Brasil. Com eles, algumas conquistas acadêmicas
também vêm sendo feitas. A primeira, e talvez a
mais importante, é a legitimação do campo discipli-

nar. Os primeiros anos de ensino da bioética nas universidades brasileiras definiram-se pela construção de sua identidade perante outras disciplinas, como no caso da ética médica. No início, o ensino da bioética foi muito marcado por uma identidade contrastiva perante a ética médica, reforçando antes as diferenças que as próprias características. Já a segunda conquista foi a criação de núcleos e centros de pesquisa destinados exclusivamente à bioética. Apesar de novos, esses núcleos, em médio prazo, terão papel decisivo para a estruturação definitiva da disciplina no país, uma vez que, por meio deles, os pesquisadores poderão agregar-se em torno de temáticas comuns, e novos pesquisadores surgirão.

Outros Autores, Outras Ideias

H. Tristam Engelhardt

H. Tristam Engelhardt é um dos autores que, muito precocemente, demonstraram preocupação diante dos dilemas éticos relativos à saúde e à doença dos seres humanos. O resultado de algumas de suas reflexões sobre as implicações éticas relacionadas à temática do aborto, por exemplo, estão presentes no livro *Questões Morais em Medicina*, uma das primeiras publicações em bioética[1]. Desde muito cedo ele se engajou nas discussões bioéticas, desenvolvendo uma proposta que, além de polêmica, ainda se sustenta pela originalidade argumentativa. Sua

---

[1] Engelhardt, H. Tristam. The Ontology of abortion. In: Gorovitz, Samuel et al. *Moral problems in Medicine.* United States: Prentice-Hall. 1976. p. 318-334.

mais importante obra, *Os Fundamentos da Bioética*, publicada em 1986 e revista em 1996, foi amplamente divulgada entre os estudiosos da bioética, constituindo ainda hoje referência obrigatória[2]. A ideia fundamental do autor, a constatação do "...fracasso do projeto em descobrir uma ética canônica essencial para aplicar à bioética...", é a marca registrada de seu estilo crítico dos conflitos que analisa[3].

O modelo teórico de Engelhardt, com fortes raízes cristãs e no liberalismo anglo-saxão, foi grosseiramente cognominado por certos críticos como o "modelo libertário" ou "modelo liberal" da bioética[4]. Sem sombra de dúvida, o autor faz uso de valores que até poderiam justificar as alcunhas, mas sua proposta teórica vai além da mera defesa da liberdade ou do individualismo na bioética. Sendo assim, as

---

[2] Engelhardt, H. Tristam. *The Foundations of bioethics.* New York: Oxford University Press. 1986. Esta obra de Engelhardt está entre as raras traduções de bioética para a língua portuguesa. Em 1998, foi traduzida a segunda edição revisada do livro: *Fundamentos da Bioética.* São Paulo. Loyola. 1998.

[3] Engelhardt, H. Tristam. *Fundamentos da Bioética.* São Paulo. Loyola. 1998: 14.

[4] Patrão, Maria do Céu. A fundamentação antropológica da Bioética. *Bioética,* v. 4, n. 1, 1996, p. 112. Anjos, Márcio Fabri. Bioética: abrangência e dinamismo. *O Mundo da Saúde,* ano 21, v. 21, n. 1. Jan./Fev., 1997, p. 4-12.

denominações, se adotadas, devem ser utilizadas
com extrema cautela para que se mantenha a fide-
dignidade requerida à sua proposição e não impeçam
a compreensão de suas ideias em nome de títulos ou
rótulos generalistas. Um dado fundamental da obra
de Engelhardt é que, muito embora o autor não
consiga esconder suas proposições libertárias, a
ideia do exercício pleno da liberdade está longe de
ser um "tudo vale" no estilo de Paul Feyerabend,
pois para ele é possível encontrar limites para o relativismo moral absoluto[5].

No modelo engelhardtiano, o limite para a
aplicação prática do principio de relativismo moral
estaria assegurado pela possibilidade de agressão aos
inocentes. Os inocentes são todas as pessoas com
as quais não se respeitou o princípio da permissão,
ou seja, pessoas que foram utilizadas em pesquisas

---

[5] Os defensores do relativismo e da tolerância radicais, entre eles
Feyerabend, utilizam como doutrina argumentativa o princípio do "anyt-
hing goes", também conhecido como "tudo vale". Esse princípio teve
influência significativa no campo da filosofia da ciência e, consequentemente, nos estudos da filosofia da moral. As duras críticas do autor à
ciência e aos cientistas possibilitaram o suporte do anarquismo metodo-
lógico com um processo de pensamento que merecia ser considerado
(Feyerabend, Paul. *?Por que no Platon?* Madrid: Editorial Tecnos, 1993:
49. Diniz, Debora. *Conflitos Morais e Bioética*. Brasília. LetrasLivres.
2001: 163).

clínicas, por exemplo, sem que tivessem previamen-
te consentido em participar[6]. O inocente é aquele
que desconhece o que está sendo feito e, portanto,
não é capaz de exercer sua autonomia. Para o autor,
a permissão seria a condição básica para a sobrevivência coletiva entre diferentes morais, pois somente a partir do consentimento individual as decisões
poderiam ser julgadas como eticamente aceitáveis
ou não. Para Engelhardt, não há um bom e um mau
definidos; ambos são estipulados por cada comunidade moral em determinado momento histórico.
Em nome disso, é somente a partir da permissão
que se origina a autoridade moral diante de um lití-
gio, fazendo com que o princípio da permissão asso-

---

[6] Na realidade, o conceito de inocentes, utilizado por Engelhardt pode ser considerado original, uma vez que o autor, a despeito da história da ino-cência no ocidente, faz dele uma recriação para inseri-lo no contexto da bioética. Inocentes, então, são todos aqueles pelos quais não se respeitou o princípio da permissão. Conforme o livro *Os Fundamentos da Bioética* (São Paulo. Loyola. 1998:32) "...o princípio do consentimento [sic] é ape-nas um princípio de tolerância, um princípio negativo. Em moralidade secular geral. O princípio do consentimento [sic] não está além, mas vem antes de qualquer bem ou mal concreto..." É interessante notar que a tra-dução em língua portuguesa utiliza a terminologia consentimento como equivalente para "permission", diferentemente da tradução em língua espanhola que mantém o princípio da permissão, talvez pela conotação ativa embutida no sentido de autorização *(Los Fundamentos de la Bioética.* Barcelona: Paidós, 1995: 129). Ver também: Diniz, Debora. *Conflitos Morais e Bioética.* Brasília. LetrasLivres. 2001: 163).

ciado à exigência de respeito pela diferença forneça as bases para a coexistência de diferentes comunidades morais. Essa combinação entre os dois princípios, o da permissão e o do respeito, determina a gramática mínima do discurso moral secular, um vocabulário que deverá intermediar pacificamente o encontro entre os estranhos morais.

Outro conceito do autor que foi amplamente incorporado pela bioética, a ponto de muitos pesquisadores não reconhecerem mais sua origem terminológica, foi o de estranhos morais. Os estranhos morais, segundo Engelhardt, seriam as pessoas que não compartilhariam as mesmas ideias morais relacionadas ao bemviver: "...são pessoas que não compartilham premissas ou regras morais de evidência e inferência suficientes para resolver as controvérsias morais por meio de uma sadia argumentação racional, ou que não têm um compromisso comum com os indivíduos ou instituições dotados de autoridade para resolvê-las..."[7]. Ou seja, não é preciso que os estranhos morais sejam inimigos morais entre si para que haja espaço para o conflito moral; basta apenas

---

[7] Engelhardt, H. Tristam. *Fundamentos da Bioética*. São Paulo: Loyola. 1998: 32.

que não concordem sobre as consequências de seus valores e de suas crenças, divergências suficientes para ocasionar distúrbios de convivência. A contrapartida afetiva dos estranhos morais, os amigos morais, seriam aquelas pessoas que dividiriam uma mesma moralidade essencial, isto é, estariam de pleno acordo quanto à referência de julgamento moral para seus atos em sociedade[8].

Essa categorização entre amigos e estranhos morais partiu da constatação de que as sociedades ocidentais contemporâneas se caracterizam por uma pluralidade de convicções morais, muitas delas conflituosas entre si. O nascimento e a consolidação da bioética, segundo a perspectiva de Engelhardt, teriam se fortalecido por esse contexto de fragmentação e caos moral, característicos das sociedades herdeiras dos valores iluministas[9]. Foi o reconhecimento da diferença moral e cultural dos povos, e a consequente perda de um referencial absoluto para o julgamento da diversidade, o que favoreceu o florescimento da bioética como um discurso de ética aplicada às situações de saúde e doença.

---

[8] Engelhardt, H. Tristam. *Fundamentos da Bioética*. São Paulo: Loyola. 1998: 32.

[9] Engelhardt, H. Tristam. *Fundamentos da Bioética*. São Paulo: Loyola, 1998: 31.

A proposta tradicional de princípios universalizantes e absolutos como referências para os conflitos morais ficaria, assim, completamente descartada pelo autor. Para Engelhardt, um projeto bioético somente será possível dentro dos valores morais particulares das comunidades, pois "...a verdade conhecida dentro de uma comunidade particular não será apreciada pelos estranhos morais a menos que se convertam e, assim, deixem de ser estranhos morais..."[10]. Como resultado desse quadro relativista e crítico, a ideia de que seria possível uma única bioética, embasada em uma suposta moralidade secular geral, torna-se, obviamente, incapaz de oferecer a oportunidade de enfrentamento das situações concretas da vida cotidiana. Na verdade, a impossibilidade de constituição de uma bioética além-das-moralidades, de que fala Engelhardt, segue uma linha muito semelhante ao que Diniz desenvolveu em *Conflitos Morais e Bioética*, em que também aponta a falência de todo e qualquer projeto filosófico que pressuponha uma realidade para além das contingências[11].

---

[10] Engelhardt, H. Tristam. *Fundamentos da Bioética*. São Paulo: Loyola, 1998: 14.

[11] Diniz, Debora. *Conflitos Morais e Bioética*. Brasília. LetrasLivres. 2001.

Nesse sentido, a presença do par pluralidade e conflito moral exige o enfrentamento cotidiano entre estranhos ou mesmo inimigos morais. A saída apontada por Engelhardt para esse encontro muitas vezes nada agradável entre pessoas que se desconsideram mutuamente seria a difusão da tolerância como um valor mediador para a sobrevivência humana na diferença moral. O exercício da liberdade moral seria a condição de existência da diversidade. Na verdade, tolerância e liberdade seriam os dois valores capazes de suportar o encontro entre moralidades distantes, pois, nas palavras do autor, "...tudo que existe (dentro de certos limites) é a possibilidade de conceder autoridade moral aos empreendimentos comuns, sem estabelecer o valor ou aceitabilidade moral de qualquer escolha particular..."[12]. Ou seja, do relativismo conceitual, Engelhardt ultrapassou a fronteira para o relativismo das práticas sociais. A associação imediata entre relativismo e tolerância fez com que o modelo teórico do autor assumisse para si a lógica cultural como a única e legítima instância de julgamento sobre as crenças sociais. Essa linha argumentativa, muito

---

[12] Engelhardt, H. Tristam. *Fundamentos da Bioética*. São Paulo: Loyola, 1998: 13.

comum aos antropólogos culturais, é de uma fragilidade enorme quando transposta para os limites de uma dada cultura, já que a referência à cultura como a entidade legítima de julgamento também se converte em uma instância cruel de manutenção de certos padrões estabelecidos de dominação e opressão[13]. Não há espaço no modelo engelhardiano para a crítica cultural, uma vez que a cultura seria o limite e o conteúdo dos julgamentos.

E é exatamente nesse imobilismo prático em que a teoria bioética de Engelhardt nos confina a viver que reside boa parte das críticas à sua obra. Não há saída para o conflito moral por meio das ideias do autor, sendo essa uma constatação pouco degustável aos pesquisadores da bioética acostumados à tranquilidade e à segurança da teoria principialista. Engelhardt nos obriga a enfrentar a absoluta falta de sentido para nossas crenças, ao exigir que todo e qualquer julgamento dos conflitos deva recorrer às culturas que os suportam como estratégia de solução. Ora, assim como não há um tribunal além-das-moralidades, fazendo uso da terminologia de Hilary Putnam, também não é adequado referir-se à cultura como a instância final de julgamento

---

[13] Diniz, Debora. *Conflitos Morais e Bioética*. Brasília. LetrasLivres. 2001.

sobre as crenças, tal como propõe Engelhardt[14]. A constatação da inexistência de mecanismos justos e definitivos para a mediação do conflito moral impede também o reconhecimento de qualquer instância, seja ela a cultura ou os princípios éticos, como a referência definitiva de julgamento. Assim como alguns dos princípios éticos da teoria principialista encontram-se estritamente vinculados à cultura estadunidense, tal como apontou Kazumasa, as verdades culturais também respondem a interesses e jogos de poder característicos de cada cultura. Sendo assim, a substituição do tribunal ético universal pela autoridade da cultura implica apenas uma mudança dos agentes do imperialismo moral: de determinadas culturas para determinados grupos.

PETER SINGER

Uma das formas possíveis de medir a intensidade da influência de um autor na bioética é avaliar em que medida suas contribuições teóricas e conceituais tornaram-se de domínio comum a ponto de os novos pesquisadores desconhecerem suas origens. A obra do filósofo australiano Peter Singer é

---

[14] Putnam, Hilary. *La Herencia del Pragmatismo*. Barcelona. Paidós. 1997.

um bom exemplo desse fenômeno. Algumas das criações conceituais do autor, como por exemplo a ideia da ideologia especista, ou seja, a convicção de que os humanos são superiores aos outros animais, são hoje de uso corrente entre os pesquisadores de bioética de todo o mundo. Singer, juntamente com Engelhardt, faz parte do seleto grupo de pesquisadores que se mantêm atuantes desde os primeiros anos de surgimento da bioética, sendo autor de uma obra original e provocante.

Singer foi durante anos o presidente da Associação Internacional de Bioética (IAB), a entidade mais importante no mundo nessa área. Vem sendo responsável pela formação de estudantes e pesquisadores que hoje já são conhecidos independentemente do mestre, como é o caso da enfermeira Helga Kushe. Nesse sentido, assim como é possível considerá-lo responsável por uma linha teórica definida dentro da bioética – o utilitarismo –, é também possível temê-lo como um autor maldito. Os livros de Singer, em especial *Liberdade Animal* (1975), *Ética Prática* (1979) e *Deve o Bebê Viver? A Questão das Crianças Deficientes* (1988), vêm sendo largamente discutidos e, muitas vezes, rejeitados por disciplinas fronteiriças ao debate bioético, tais como os movimentos sociais de pessoas portadoras de deficiência, grupos religiosos e mesmo entidades de direitos humanos[15]. Na verdade, o que está por trás dessa controvérsia moral intensa em torno dos livros de Singer é o fato de o autor tocar em temas considerados tabu, especialmente para o mundo ocidental pós-Segunda Guerra Mundial, tais como a eutanásia, o suicídio assistido ou o infanticídio. Na Alemanha, as reações políticas e acadêmicas às suas ideias são um exemplo paradigmático dessa resistência, haja visto que foram vários os insucessos do autor ao tentar se aproximar do debate alemão. Ao final da tradução brasileira de *Ética Prática*, Singer narra os extremos a que a resistência aos seus argumentos chegou na Alemanha durante os anos 1990, fazendo com que o debate em bioética, e mais extensamente o tema da ética prática, encontre-se estagnado no país.

Mas se por um lado há uma certa dose de exagero nessa controvérsia alemã e mesmo uma deliberada incompreensão do pensamento do autor, por outro lado os temas escolhidos por Singer na bioética estão dentre os mais delicados, uma característi-

---

[15] Singer, Peter. *Ética Prática*. São Paulo. Martins Fontes. 1993. Kuhse, Helga e Singer, Peter. *Should the Baby Live? The Problem of Handicapped Infants.* Oxford. Oxford University Press. 1988.

ca que por si mesma acirra os ânimos de seus leitores. Os temas do aborto e da eutanásia são reconhecidamente os que mais intensamente provocam as comunidades morais a expressarem suas crenças, muitos delas inconciliáveis entre si. Há comunidades religiosas que defendem o princípio da heteronomia, ao passo que, comunidades liberais defendem o principio da autonomia, dois princípios que, quando confrontados em situações como a do aborto ou a da eutanásia, tornam-se irredutíveis, impossibilitando qualquer forma de diálogo pacífico. Acrescida a isso está a própria escolha teórica do autor, um assumido utilitarista.

Singer se autodefine como um teórico consequencialista no campo da moral, isto é, aquele que se preocupa com os resultados das ações consideradas boas ou más, certas ou erradas, justas ou injustas, e não com a própria definição do que venha a ser a bondade, a retidão ou a justiça. Ao defender suas convicções no campo da bioética, Singer pauta-se na premissa clássica do utilitarismo que mensura como as ações consideradas éticas estariam aumentando ou diminuindo a felicidade coletiva. Para Singer, assim como para boa parte dos utilitaristas na bioética, de quem que o filósofo inglês John Harris é outro representante exemplar, o limite da sensibilidade seria o referencial para se considerarem as ações éticas ou não. Por limite da sensibilidade Singer entende a capacidade de sofrer, sentir alegria ou felicidade, sendo esse "...o único limite defensável da preocupação com os interesses alheios..."[16]. Isso não significa que o autor não esteja preocupado com valores como a autonomia, por exemplo, um princípio caro à bioética principialista, mas que o princípio da autonomia é secundário à maximização da felicidade ou à diminuição do sofrimento.

É exatamente nessa relação conflituosa entre liberdade e felicidade que grande parte dos críticos superficiais de Singer assenta seus argumentos. O autor jamais propôs qualquer forma de subordinação dos interesses individuais à lógica do Estado, tal como fizeram os nazistas durante a Segunda Guerra Mundial. Ou mesmo jamais traduziu suas convicções éticas em regulamentações totalitárias perante comunidades de deficientes, propondo qualquer forma de extermínio[17]. Ao contrário, Singer não consi-

---

[16] Singer, Peter. Igualdade para os animais? In: *Ética Prática*. São Paulo. Martins Fontes. 1993: 68.

[17] O livro *Singer e Seus Críticos* resume os principais resenhistas da obra de Singer. Dentre eles estão tanto os seguidores de suas ideias quanto seus oponentes mais ferrenhos (Jamieson, Dale. *Singer and His Critics*. Oxford. Blackwell. 1999).

dera possível que princípios e argumentos idealizados para compreender as situações de aborto sejam transpostos para situações de justiça social, em que pessoas vivas e portadoras de uma biografia social estariam em questão. Quando afirma que um embrião ou um feto pode ser considerado substituível, isto é, que deve ser considerada eticamente legítima a interrupção da gestação em casos de máformação fetal pelo princípio da substitucionalidade de um embrião ou feto, Singer está partindo de algumas premissas que devem ser sempre explicitadas ao discutir suas ideias.

A primeira delas é a crítica ao princípio da santidade da vida humana. Segundo o autor, é um equívoco especista afirmar que a vida é um dom, uma vez que cotidianamente dispomos de centenas de vidas de animais não humanos em pesquisas e experimentos científicos, em exposições de circo e zoológico, ou mesmo como parte de nossa dieta alimentar carnívora. Descortinar a ideologia especista na ciência foi o primeiro projeto intelectual de Singer. O seguinte trecho de *Liberdade Animal* é extensamente discutido na literatura sobre direitos dos animais não humanos e, a despeito da extensão, citamos: "...os racistas violam o princípio da eqüidade ao dar mais peso aos interesses dos membros de sua própria raça quando em uma situação de confronto de interesses com membros de outra raça. Os sexistas violam o princípio da equidade ao favorecer os interesses do seu próprio sexo. Da mesma maneira, os especistas fazem com que os interesses de sua própria espécie suplantem os interesses dos membros de outras espécies..."[18]. O objetivo do autor não é diminuir o respeito dado à espécie humana, mas sim provocar nossas certezas quanto a esse respeito, pondo na mesa de discussões a tirania dos humanos diante dos animais não humanos. Pelo contraste com os maus-tratos sofridos pelos animais em laboratório ou pelo exagero de nossa dieta carnívora, Singer põe por terra o princípio de que a vida seja um bem inviolável ou santo. A vida humana é assim considerada, a despeito dos interesses de outros animais.

Ter posto em discussão o princípio da santidade da vida humana provocou um verdadeiro alvoroço na comunidade científica e ética internacional. Para muitos críticos, Singer estaria igualando entidades apartadas pela ética – humanos e animais não-humanos – sugerindo que realizar pesquisas com ratos seria o mesmo que realizar com fetos humanos. O autor compara, sim, animais nãohumanos e humanos e até mesmo afirma que algumas pesquisas são eticamente mais defensáveis quando realiza-

---

[18] Singer, Peter. *Animal Liberarion*. New York. Avon Books. 1990: 9.

das com fetos órfãos, portadores de anomalias incompatíveis com a vida extrauterina, como por exemplo a anencefalia, do que com gorilas ou macacos, dado o grau de consciência e senso de si que os animais teriam em detrimento dos fetos sem cérebro[19]. Ao considerar que o limite da sensibilidade é o fundamento da eticidade das ações, Singer não hesita em afirmar que "...não atribuamos à vida de um feto um valor maior que o atribuído à vida de um animal no mesmo nível de racionalidade, autoconsciência, consciência, capacidade de sentir, etc. Uma vez que nenhum feto é uma pessoa, nenhum feto tem o mesmo direito à vida que uma pessoa..."[20]. A ideia que está por trás desse argumento é a que diferencia pessoa de membro da espécie *Homo sapiens,* sendo esse o segundo principio largamente incompreendido da argumentação do autor.

Para Singer, o fato de um feto anencéfalo ser membro da espécie humana não lhe garante automaticamente o título de pessoa humana. O que determina o *status* de pessoa é antes a capacidade de relacionamento social, a noção de tempo histórico, a

---

[19] Singer reforça o exemplo com crianças órfãs para facilitar o raciocínio, uma vez que argumentos familiares e afetivos estariam fora da discussão (Singer, Peter. *Ética Prática.* São Paulo. Martins Fontes. 1993).

[20] Singer, Peter. *Ética Prática.* São Paulo. Martins Fontes. 1993: 161.

linguagem, ou seja, atributos que somente um ser vivo com biografia poderia desenvolver, do que o mero pertencimento à espécie. Nessa busca por diferenciar pessoa de membro da espécie humana, Singer não caiu na tentação de enumerar os "indicadores de humanidade", isto é, uma sequência de qualidades que diferenciariam os humanos de outros animais, tal como inúmeros autores da bioética fizeram. Como o objetivo de Singer é antes aumentar a dignidade dos animais não humanos, desbancando a supremacia irrefletida dos humanos, pouco importa quais sejam esses indicadores, valendo lhe apenas a constatação de que alguns animais não humanos sentem mais prazer e sofrimento que alguns fetos portadores de graves anomalias. Essa petulância de Singer lhe fez valer títulos pouco nobres, como o de nazista, preconceituoso ou mesmo assassino. Em consequência, grande parte de suas exposições públicas são momentos de esclarecimento de suas ideias, pontuando os fundamentos de seus pressupostos, e menos espaços de debate e trocas de convicções.

BIOÉTICA DE INSPIRAÇÃO FEMINISTA

Formalmente, a bioética de inspiração feminista surgiu nos início dos anos 1990, momento em

que começaram a ser publicados os primeiros estudos e livros sobre o tema, muito embora os estudos
sobre ética feminina e feminista existam desde os
anos 1960. A proposta da bioética feminista não era
apenas a incorporação do feminismo às ideias bioéticas imperantes, ou seja, não se restringia à entrada
dos estudos feministas no campo da ética aplicada.
A força da bioética de inspiração feminista concen-
trou-se na perspectiva crítica do feminismo isto é, o
olhar crítico sobre as desigualdades sociais, em especial a assimetria de gênero – como um agente poten-
cial de provocação dos pressupostos universalistas e
abstratos da teoria principialista[21]. Por isso, paralelas
à entrada dos estudos de gênero e do feminismo na
bioética, outras teorias com forte apelo crítico, tais
como as anti-racistas, de estudos culturais ou de

---

[21] O conceito de gênero desenvolveu-se nas ciências humanas, especialmente nos estudos antropológicos, e aponta para o fato de que sexo e papéis
sexuais são duas instâncias distintas do comportamento humano. Como
sugere Mireya Suárez "...sexo e gênero são duas realidades diferentes,
ainda que aconteçam juntas... gênero refere-se ao desempenho de papéis
e às relações sociais que são pautadas pelas diferenças entre homens e
mulheres..." (Suárez, Mireya. *Considerações de Gênero para a Promoção
da Saúde*. Brasília. UPS. 1996. mimeo: 05). A autora continua sua argumentação demonstrando o quanto a anterioridade da determinação
sexual, isto é, a existência de machos e fêmeas, confunde a compreensão
de que masculino e feminino são criações e construções simbólicas,
podendo, portanto, variar imensamente de uma sociedade para outra.

sociologia de classe, aportaram seus pressupostos na pauta teórica da disciplina. Vale apontar, no entanto, que não era preocupação ou mesmo anseio da bioética feminista constituir-se na contrapartida crítica das teorias principialistas, apesar de tal fato estar a cada dia se consolidando, haja visto o número de publicações, artigos e estudos que consideram o pressuposto feminista referencial analítico.

De forma não intencional, portanto, as teorias feministas da bioética converteram-se em um forte corpo crítico às teorias imperantes à época[22]. Isso não significa que não houve uma certa sedução das teóricas críticas por alguns dos princípios da teoria principialista de Beauchamp e Childress. Rosemarie Tong, uma filósofa de inspiração feminista, afirma que no início houve uma espécie de acomodação de muitas pesquisadoras feministas pela teoria principialista, porque alguns dos pressupostos fundamentais do principialismo tocaram em questões fundamentais aos estudos de gênero, como por exemplo o

---

[22] A confluência de outras teorias à perspectiva crítica do feminismo fez com que considerássemos esse contramovimento principialista da bioética, o antiprincipialismo, um movimento crítico ou teoria crítica, sendo ambos, portanto, sinônimos ora das teorias feministas, ora das teorias anti-racistas.

princípio da beneficência[23]. Ainda hoje, o apelo ao princípio da autonomia, como uma referência fundamental à mediação dos conflitos morais, é fundamental à prática reflexiva, fato que se justifica por ser este um princípio ético do feminismo anterior à entrada na bioética.

Para muitas das teorias críticas, autonomia e conquista da liberdade são conceitos e princípios que se misturam na busca pela igualdade social ou mesmo na crítica a todas as formas de opressão social. No entanto, para além do princípio da autonomia, muitas vezes mecanicamente referenciado pela teoria principialista, as perspectivas críticas apontam para a necessidade de demarcar a fronteira de situações em que a autonomia pode vir mascarada pela coerção da vontade. Um exemplo comumente utilizado pelas teóricas feministas é o uso e o acesso às novas tecnologias reprodutivas – muitas

---

[23] Tong, Rosemarie. Prologue. In: *Feminist Approaches to Bioethics: Theoretical Reflections and Practical Applications.* Colorado. Westview Press. 1998: 3. Rebecca Cook, por exemplo, defende que a teoria dos quatro princípios é ainda o melhor caminho teórico para que a questão feminista, isto é, da não opressão, se concretize no campo da ética prática (Feminism and the four principles. In: Gillon, Raanan (Ed.) *Principles of Health Care Ethics.* Chichester, England: John Wiley and Sons, 1994: 193-206).

vezes as mulheres que se submetem aos tratamentos reprodutivos não estariam exercendo livremente a autonomia reprodutiva, mas estariam reproduzindo os papéis hegemônicos remetidos às mulheres, em que a maternidade é quase um imperativo social[24]. Em nome disso, o desejo por filhos, embebido em meio ao imaginário social associado à feminilidade, faz com que as mulheres se submetam voluntariamente às terapias invasivas e de alto custo das tecnologias reprodutivas, sendo que muitas vezes essa solicitação pode ser fruto de uma imposição social e familiar, e não expressão de um desejo pela filiação[25].

A interação efetiva do feminismo com as questões bioéticas permitiu então que situações e abordagens tradicionalmente silenciadas pelos pressupostos éticos universalizantes do principialismo ou

---

[24] Para uma discussão mais extensa das teorias de inspiração feminista no campo das tecnologias reprodutivas, vide: Diniz, Debora. Introdução. In: Diniz, Debora e Buglione, Samantha. *Quem Pode Ter Acesso às Tecnologias Reprodutivas? Diferentes Perspectivas do Direito Brasileiro.* Brasília. LetrasLivres. 2002.

[25] Donchin, Anne. Feminist critiques of new fertility technologies: implications for social policy. *The Journal of Medicine and Philosophy,* v. 21, 1996, p. 475-498. Purdy, Laura M. What can progress in reproductive technology mean for women? *The Journal of Medicine and Philosophy,* v. 21, 1996, p. 499-514.

da ética deontológica fossem postos na mesa de discussões de congressos internacionais e nacionais, discussões sociais e acadêmicas e, mais recentemente, no ensino e na pesquisa da bioética[26]. Na verdade, o nó da discussão imposto pelas teorias críticas na bioética foi o pressuposto de que não é possível falar de autonomia como um princípio mediador para os conflitos morais em contextos de profunda desigualdade social. Ou seja, antes de apelar para princípios éticos sublimes e, muito provavelmente, com forte grau de adesão entre os pesquisadores da bioética de todo o mundo, tais como o princípio de liberdade ou dignidade humana, a tarefa da bioética deveria ser a análise, a discussão e o desenvolvimento de mecanismos éticos de intervenção perante todos os tipos de desigualdade social. Sendo assim, a tarefa fundamental da bioética não seria mais a apresentação do mapa ético sobre como deveria ser a humanidade – se regida pela beneficência, a não maleficência ou a autonomia –, mas

---

[26] No Brasil, por exemplo, o Programa de Pós-Graduação em Ciências da Saúde, da Universidade de Brasília, foi o primeiro centro do país a ter incorporado no currículo acadêmico uma disciplina de Bioética e Gênero. Brasília é também a sede da primeira e ainda única organização não-governamental de pesquisa, ensino e intervenção no campo da bioética feminista, a Anis: Instituto de Bioética, Direitos Humanos e Gênero.

encontrar mecanismos de reparação social que tornem possível o apelo a esses princípios.

Em nome disso, a bioética de inspiração feminista, assim com as outras correntes críticas da bioética, não buscam meramente defender os interesses e direitos de grupos específicos das sociedades, como por exemplo das mulheres. Confundir bioética feminista com um certo discurso sexista é antes de tudo uma estratégia eficaz de justificar os padrões de desigualdade e opressão que imperam nas sociedades. A bioética de inspiração e compromisso antiracistas, por exemplo, não diz respeito apenas às questões de minorias raciais ou étnicas, mas aos direitos e dignidades das populações subjugadas em nome da diversidade racial e que foram, erroneamente, julgadas inferiores por moralidades historicamente poderosas. Sendo assim, mais do que a defesa da condição feminina, dos direitos das minorias raciais ou mesmo dos interesses de grupos não hegemônicos, a bioética crítica, e particularmente a bioética de inspiração feminista, traduz e representa essa nova onda reflexiva da bioética em que aqueles historicamente desconsiderados nos estudos éticos – mulheres, crianças, minorias étnicas e raciais, deficientes físicos e mentais, idosos ou pobres – passam a compor a pauta de discussões. Ou ainda, nas palavras de Margaret Little, "...algumas pessoas sugerem que a bioética feminista se refere às questões das mulheres na bioética, ou mesmo que são mulheres falando de bioética. Muito embora tenha relações com ambas as coisas, a bioética feminista não é equivalente a nenhuma delas. A bioética feminista é a análise de todas as questões bioéticas sob a perspectiva da bioética feminista..."[27].

Mas, ao contrário dos estudos éticos femininos dos anos 1980, em que a obra de Carol Gilligan *Uma Voz Diferente: Teoria Psicológica e Desenvolvimento das Mulheres* foi um marco fundamental para as pesquisas relacionadas à ética do cuidar, a perspectiva feminista na bioética não representou a busca pelas características típicas ou essenciais da eticidade das mulheres, em contrapartida à eticidade masculina[28]. A bioética feminista reconhece em Gilligan uma ancestralidade fundamental para a entrada de abordagens não universalizantes no campo da ética, e especialmente de abordagens centradas nas experiências das mulheres. No entan-

---

[27] Little, Margaret Olivia. Why a Feminist Approach to Bioethics? *Kennedy Institute of Ethics Journal.* v. 6. n. 1. 1996. pp. 1-18.

[28] Gilligan, Carol. *In a Different Voice: Psychological Theory and Women's Development.* Cambridge: Harvard University Press, 1982.

to, diferentemente dos pesquisadores da bioética que defendem ser o espírito ético das mulheres naturalmente diferente do espírito ético dos homens – isto é, o cuidar estaria para as mulheres assim como a justiça estaria para os homens –, o que permaneceu de Gilligan na bioética feminista atual não foi o essencialismo das eticidades de homens e mulheres, mas a possibilidade de pensar e propor teorias éticas plurais. Ou seja, assim como foi possível pensar em teorias éticas relacionadas aos homens e às mulheres, seria também possível e legítimo inferir um certo grau de relativismo no discurso ético dominante na teoria principialista.

Além da possibilidade de pensar a ética no plural, outro desdobramento dos estudos de Gilligan entre pesquisadores de inspiração feminista foi a procura por delimitar o objeto de análise da ética feminina e dos estudos feministas. De forma grosseira e até mesmo desinformada, muitos pesquisadores da bioética confundem as abordagens femininas da ética com a bioética feminista, de uma maneira que a primeira tende a englobar e silenciar a segunda. Indiferentemente ao fato de ser esse deslize conceitual uma má informação, ele também representa uma busca por devolver à bioética a tranquilidade perdida com a crítica à teoria principialista, em que os homens buscariam a justiça e as mulheres o cuidar. Em nome disso, os pesquisadores da bioética de inspiração feminista procuram deixar clara a fronteira dos estudos femininos e feministas da ética. Resumidamente, a ética feminina se refere à procura da única voz que caracterizaria a eticidade feminina, o que muitas autoras acreditam poder ser a ética do cuidar, em que o cuidado das mulheres para com os filhos seria uma situação paradigmática dessa suposta essência feminina. Já a ética feminista, independentemente de a orientação teórica do feminismo ser radical ou liberal, discute a situação das mulheres em contextos sociais de desigualdade e opressão, ou, mais bem dito nas palavras da filósofa canadense Susan Sherwin, em *Ética, Ética "Feminina" e Ética Feminista*: "...a ética feminista é diferente da ética feminina. A ética feminista é resultado de uma perspectiva política explícita do feminismo, em que a opressão das mulheres é vista como política e moralmente inaceitável. Em nome disso, ela envolve não apenas o reconhecimento das experiências e práticas morais das mulheres, mas principalmente incorpora uma crítica das práticas que determinam essa opressão..."[29]. Apesar das crí-

---

[29] Sherwin, Susan. Ethics, "feminine" ethics, and feminist ethics. In: *No Longer Patient: Feminist Ethics and Health Care*. Philadelphia. Temple University Press. 1992: 49.

ticas direcionadas ao essencialismo da teoria do cuidar, a importância histórica da obra de Gilligan é inegável. Desde a sua publicação, *Uma Voz Diferente* tem sido analisada e revisitada por diferentes autores, o que suscitou os mais variados questionamentos. Um dos perigos apontados refere-se ao apelo essencialista das eticidades baseadas em papéis de gênero, pois, como aponta Sherwin, "...nós devemos estar atentos ao fato de que as características associadas ao gênero [feminino] são regra geral associadas à opressão..."[30]. Embora evoque e faça uma abordagem séria das experiências da vida moral feminina, sejam elas relacionadas ao cuidado dos outros – crianças, idosos, doentes e pacientes –, sejam elas relacionadas à infra-estrutura familiar que mantém o *status* masculino na sociedade, a ética do cuidar perpetua a subordinação feminina, reforçando os estereótipos sociais ao considerar o cuidado parte da essência feminina, e não dos papéis de gênero associados a homens e mulheres por cada sociedade[31].

---

[30] Sherwin, Susan. Feminist and medical ethics: two different approaches to contextual ethics. In: Holmes, Helen Bequaert; Purdy, Laura M. (Orgs.) *Feminist Perspectives in Medical Ethics*. Indianapolis. Indiana University Press. 1992: 19.

[31] Carse, Alisa L. & Nelson, Hilde Lindemann. Reabilitating care. In: Donchin, Anne & Purdy, Laura M. (Orgs.). *Recent Embodying Feminist Bioethics Advances*. Boston: Rowman & Littlefield Publishers, 1999: 17-32.

Sendo assim, o que os estudos de teoria crítica aplicada demonstraram foi a necessidade de se modificarem não apenas os pressupostos hierárquicos de gênero imperantes na sociedade, mas também que era fundamental e urgente refletir sobre os pressupostos ideológicos da própria disciplina. Susan Wolf, uma filósofa estadunidense, organizadora do livro *Feminismo e Bioética*, resumiu esse conjunto ideológico silencioso que nutria a disciplina, especialmente a teoria principialista, por "estrutura profunda da bioética"[32]. *Grosso modo*, a estrutura profunda da bioética seria composta dos pressupostos universalizáveis, ocidentais (euro-americano), racistas (branco), classistas (classe média) e sexistas (masculino) que nutrem boa parte das teorias éticas. Para a autora, o "muro de separação" entre as teorias críticas e a bioética, e mais propriamente entre o feminismo e a bioética, deve-se basicamente a certas preferências ideológicas da disciplina:

1) preferência por regras e princípios abstratos que desconsideram as diferenças individuais e contextuais;

---

[32] Wolf, Susan. Introduction. In: Wolf, Susan (Ed.). *Feminism and Bioethics: Beyond Reproduction*. Oxford: Oxford University Press, 1996: 14.

2) preferência pelo individualismo liberal que obscurece a importância dos grupos;

3) preferência por espaços institucionais de aplicação prática, tais como governo, escolas de medicina ou hospitais;

4) preferência pelo isolamento perante as teorias criticas da pósmodernidade[33].

Em nome da falência dessas preferências ideológicas tradicionais da bioética, ou melhor dito, em nome do etnocentrismo disfarçado dessas teorias é que Wolf reclama a urgência do reordenamento dos pressupostos básicos da disciplina. Para a autora, o estilo argumentativo e reflexivo das primeiras teorias da bioética conduziu a disciplina a um certo elitismo, acrescido ao fato de os princípios éticos serem referenciados de forma descontextualizada e isolados de outras áreas do conhecimento. A consequência mais imediata e perversa dessa estrutura de pensamento bioético é que apenas algumas vozes e interesses foram incluídos na pauta bioética, deixando à parte um conjunto de indivíduos e grupos, tradicionalmente oprimidos e vulneráveis. Sobre essa

---

[33] Wolf, Susan. Introduction. In: Wolf, Susan (Ed.). *Feminism and Bioethics: Beyond Reproduction*. Oxford: Oxford University Press, 1996: 14.

apartação imposta pelas teorias principialistas da bioética, vale conferir um trecho de Wolf: "...os princípios e as salvaguardas da bioética não parecem ser aplicados igualmente para todos(as). Desenvolveu-se uma bioética voltada para a pessoa com acesso ao serviço de saúde e com um corpo médico disposto a escutá-la, compreendê-la e respeitá-la como pessoa. Essa é uma bioética para privilegiados(as)..."[34]. Nesse sentido, a autora sugere que, caso sejam mal aplicados, os princípios podem ser usados antes para prejudicar as pessoas que para protegê-las em situações de conflito.

A forma como a bioética crítica analisa os princípios da teoria principialista é um exemplo de como a bioética tradicional pode ser redescrita. O princípio da autonomia, defendido tanto pela teoria principialista quanto pela bioética crítica, deve ser entendido para além do paradigma moral do sujeito autônomo: aquele sujeito racional, independente, indistinguível dos demais, o sujeito generalizável por excelência. Compreendido desta forma, o conceito de autonomia transforma-se em um perigo, já que elimina a possibilidade de inclusão para as pessoas

---

[34] Wolf, Susan. Introduction. In: Wolf, Susan (Ed.). *Feminism and Bioethics: Beyond Reproduction*. Oxford: Oxford University Press, 1996: 18.

que não são consideradas plenamente racionais, como é o caso das crianças, mulheres e membros de outros grupos oprimidos[35]. Consequentemente, em vez de contribuir para o efetivo "empoderamento" daqueles em situação de desigualdade, pode, na prática, transformar-se em instrumento de proteção para os privilegiados e tradicionalmente detentores do poder.

É nesse sentido que a bioética feminista pretende dizer[36]:

1) não a uma epistemologia "essencial" da certeza, sim a uma epistemologia situacional da contingência;

2) não a uma ética feminina do cuidar, sim a uma ética do cuidar associada à ética do poder;

3) não a um ser humano abstrato, genérico e universal, sim ao respeito pelas diferenças de raça,

---

[35] Sherwin, Susan. Feminism and bioethics. In: Wolf, Susan. (Ed.). *Feminism and Bioethics: Beyond Reproduction*. Oxford: Oxford University Press, 1996: 53.

[36] Para uma discussão mais aprofundada sobre a mensagem da bioética feminista, vide: Guilhem, Dirce. *Escravas do Risco: Bioética, Mulheres e Aids*. Tese de Doutorado. Faculdade de Ciências da Saúde. Universidade de Brasília. 2000. Diniz, Debora e Guilhem, Dirce. Bioética feminista: o resgate político do conceito de vulnerabilidade. *Bioética*. v. 7, n. 2, 1999, p. 181-188.

classe social, etnia, idade, gênero, *status* marital, condição de saúde, enfatizando que essas mesmas diferenças não são iguais entre os indivíduos de diferentes grupos e comunidades;

4) não a uma visão superficial do conflito moral embasada nas relações hierárquicas, sim a uma análise crítica profunda sobre as estruturas de poder presentes na sociedade e sua influência lesiva sobre a organização e hierarquização dos serviços de saúde;

5) não à manutenção do *status quo* da bioética (e por que não dizer da medicina), sim a uma prática biomédica que contribua para o crescimento individual, independentemente das limitações pessoais e comunitárias;

6) não à arbitrariedade e autoritarismo, sim ao exercício da solidariedade, entendida como construção individual e coletiva, decorrente da participação de todos;

7) não à manutenção do discurso dominante que perpetua a opressão, sim ao diálogo como forma de conhecer a intencionalidade e os diferentes posicionamentos morais, na busca de oportunidades para a mediação dos conflitos morais;

8) não à generalidade de princípios universais (transculturação acrítica), sim à importância da sua contextualização e adequação local;

9) não ao absolutismo, sim à adoção de um relativismo aberto;

10) não ao generalismo ético, sim ao relativismo moral capaz de considerar como ocorre o processo de tomada de decisões morais na comunidade e qual a sua influência para aqueles que o controlam e para os tradicionalmente controlados;

11) não à tolerância radical, sim ao reconhecimento do erro moral da opressão;

12) não ao liberalismo individualista ocidental, representado por uma autonomia sem limites, sim ao pluralismo moral como exercício da liberdade e alternativa para o dissenso moral da contemporaneidade;

13) não ao indivíduo como ponto focal de análise, sim ao indivíduo em sua rede de relações sociais;

14) não, definitivamente não, à acomodação teórica e instrumental da disciplina, sim a uma análise crítica profunda dos pressupostos fundamentais e do lugar de onde fala a bioética.

VI

CONCLUSÃO

Como se viu nas páginas anteriores, a bioética provoca dois sentimentos contraditórios nas pessoas: o fascínio e a repulsa[1]. O primeiro pela ilusão de ter encontrado o mecanismo legítimo de mediação para os conflitos morais, cada vez mais intensos nas sociedades democráticas. O segundo pela própria falência do projeto bioético em se tornar a resposta definitiva para esses conflitos. O fato é que a bioética define-se exatamente por essa ambiguidade: segundo Diniz, seu fascínio é também a condição de seu fracasso[2]. Não há como se aproximar da bioética e de seus temas tão provocativos, como o

---

[1] Sobre os sentimentos de fascínio e repulsa da bioética, vide: Diniz, Debora. Bioética: Fascinación y repulsa. *Acta Bioética*. Jan./Abril, 2002. No prelo.

[2] Diniz, Debora. Bioética: Fascinación y repulsa. *Acta Bioética*. Jan./Abril, 2002. No prelo.

aborto, a eutanásia ou a clonagem, e manter-se imu-
ne à controvérsia moral que a acompanha.
Pesquisar, ensinar ou escrever sobre bioética implica
um repensar profundo sobre o nosso próprio lugar
no mundo moral[3].

Por isso, costumamos dizer que os pesquisadores da bioética são os missionários de uma ilusão:
a ilusão da tolerância[4]. Os pesquisadores da bioética
acreditam nesse valor moderno, ao mesmo tempo
tão sedutor quanto impossível, e o defendem vigo-
rosamente. E é exatamente em torno dele que está
a essência da bioética: a difusão e o ensino da tolerância no campo dos conflitos morais relacionados à
saúde e à doença dos seres humanos e dos animais
não humanos. A bioética preocupa-se, portanto,
com todas as situações de vida, especialmente dos
seres humanos, que estejam em meio a diferentes

---

[3] Loretta Kopelman, então presidente da Sociedade Americana de Bioética
e Humanidades (ASBH), em seu discurso de posse em 1998, fez uma
defesa das cinco principais características que fariam da bioética um novo
campo disciplinar. Dentre elas, estava a importância da reflexão mora l no
ensino da bioética (Kopelman, Loretta. Bioethics and Humanities: what
makes us one field? *Journal of Medicine and Philosophy*, v. 23, n. 4, p. 356-
368).

[4] Diniz, Debora. Bioética: Fascinación y repulsa. *Acta Bioética*. Jan./Abril,
2002. No prelo. O conceito "pesquisador da bioética" é preferido ao de
bioeticista, que implica a profissionalização do discurso da bioética, um
princípio que implicaria a própria falência da disciplina.

escolhas morais quanto aos padrões de bem-viver. Mas, diferentemente dos discursos filosóficos que a antecederam, especialmente o da ética médica, a proposta de mediação dos conflitos morais sugerida pela bioética caracteriza-se pelo espírito não normativo, não imperativo e, especialmente, por sua harmonia com uma das maiores conquistas do iluminismo: o respeito à diferença moral da humanidade.

A bioética é, então, parte de um desses projetos de tolerância na diversidade. Com o reconhecimento da pluralidade moral da humanidade e, consequentemente, da ideia de que diferentes crenças e valores regem temas como o aborto, a eutanásia ou a clonagem, tornou-se imperativa a estruturação de uma nova disciplina acadêmica que refletisse sobre esses conflitos cotidianos, comuns não apenas à prática médica. E é sob esse espírito tolerante que a bioética se protege da tentação de eleger certezas morais definitivas para a humanidade. A resposta final para os conflitos não está em nenhum proponente da bioética ou corrente teórica, mas no próprio desenrolar da história moral das sociedades e dos indivíduos[5]. Esse seguramente não é um objeti-

---

[5] Algumas dessas discussões estão presentes em Diniz, Debora. *Conflitos Morais e Bioética*. Brasília. LetrasLivres. 2001.

vo fácil de ser perseguido, a começar pelo fato de
que os pesquisadores da bioética, assim como todos
os outros seres humanos moralizados, estão imersos
e certos da superioridade de alguns valores morais
em detrimento de outros. Em nome de tais valores,
muitas vezes será possível encontrar pesquisadores
da bioética dispostos ao confronto em nome da
defesa de suas crenças.

Sendo assim, lidar com os temas bioéticos não
é uma tarefa agradável. A essência dos conflitos
morais é, além da diferença, o sofrimento. Boa parte das disputas morais a que os pesquisadores da
bioética dedicam-se a pensar está embebida no
sofrimento, na dor da angústia da imoralidade, um
sentimento tão degradante quanto o da perda da
própria dignidade. Se por um lado não é fácil para os
defensores da santidade da vida humana – aqueles
que acreditam e defendem a intocabilidade da vida
dos seres humanos – viver em uma sociedade onde
as mulheres realizam o aborto ou onde as pessoas
são autônomas para decidir sobre sua própria morte, por outro, também não é uma experiência moral
nada agradável alguém ser obrigado a preservar uma
gestação ou ainda a própria vida em nome de valores morais estranhos a si próprios. Com raríssimas
exceções, a característica dos temas bioéticos é

exatamente essa falta ou ainda a impossibilidade de consenso moral.

Mas a grande dificuldade imposta pelos conflitos morais, e que em alguma medida é também um limite disciplinar da bioética, é não haver possibilidade de desenlace para o confronto que honre os interesses da forma como são inicialmente dispostos pelos estranhos morais. Por princípio, nenhuma legislação sobre a eutanásia, por exemplo, irá respeitar todos os interesses morais de uma determinada sociedade. E a dificuldade não está apenas na escolha legislativa a ser feita, isto é, na proibição ou não da eutanásia, mas no fato de os indivíduos moralizados resistirem viver em uma sociedade onde seus valores não são os hegemônicos. Infelizmente, uma das características que acompanham o processo de moralização dos grupos sociais é a pulsão imperialista de cada código moral. Por isso, a possibilidade de a eutanásia não ser penalizada é uma hipótese intolerável para os grupos contrários a ela. Conviver com indivíduos que deliberam sobre sua própria morte é algo inicialmente impossível de ser considerado por aqueles que defendem a intocabilidade da vida humana. O mesmo acontece com todos os outros temas bioéticos: aborto, infanticídio, suicídio assistido, novas tecnologias reprodutivas, transplante e doação de órgãos, genoma humano, engenharia genética, seleção de sexo, pesquisas com seres humanos, diagnóstico pré-natal, consentimento livre e esclarecido, autonomia, comitês de ética ou clonagem.

Nesse sentido, o papel fundamental da bioética é reconhecer que é preciso sair ao encontro de estratégias de mediação para o conflito moral que tenham por espírito condutor a máxima tolerante e pacifica deixada pelo humanismo, em vez de assumir para si o imobilismo imposto pela impossibilidade de atingir a verdade absoluta e válida para todos. Não é preciso que todos os personagens morais tenham as mesmas crenças, basta apenas que saibam se respeitar e tolerar mutuamente[6]. Sendo assim, qualquer legislação que contemple essas qualidades fundamentais da bioética deverá levar em consideração o pluralismo e a diferença moral das sociedades, e não apenas as crenças e valores de determinados grupos. No exemplo sobre eutanásia, uma possibilidade de saída seria o reconhecimento

---

[6] Em *Conflitos Morais e Bioética*, Debora Diniz propôs um modelo de compreensão dos conflitos morais no campo da bioética e discutiu como o princípio da tolerância pode ser implementado (Brasília. LetrasLivres. 2001.

do direito individual de escolha sobre o morrer. Ou seja, viver em uma sociedade onde a eutanásia fosse uma opção eticamente possível não seria o mesmo que viver sob a ditadura eugênica do nazismo, em que a regra imperante era o extermínio de indesejáveis, ou mesmo em sociedades que consideram a santidade da vida um valor a ser respeitado. A bioética, antes de tudo, refere-se a direitos e conquistas, não a imposições ou restrições em nome de valores considerados éticos e moralmente bons para alguns.

Sobre as Autoras

Debora Diniz é antropóloga, doutora em antropologia pela Universidade de Brasília (UnB) e pesquisadora associada de bioética e gênero da Universidade de Leeds, Reino Unido. Diretora da organização não governamental Anis (Instituto de Bioética, Direitos Humanos e Gênero), desenvolve pesquisas relacionadas aos direitos reprodutivos, direitos fundamentais, ética e gênero. É ainda bolsista da Fundação MacArthur, professora visitante da Universidade Estadual do Rio de Janeiro (UERJ), diretora da Feminist Approaches to Bioethics Network e do Centre for the Study of Global Ethics, da Universidade de Birmingham, no Reino Unido, e autora de artigos, vídeos e livros sobre os temas da bioética, da ética feminista e dos direitos humanos. Recebeu em 2002 o prêmio Manuel Velasco-Suarez de Bioética, concedido pela Organização Pan-Americana da Saúde (Opas).

Dirce Guilhem é enfermeira e doutora em bioética pela Universidade de Brasília (UnB), com tese sobre bioética, mulheres e a epidemia do HIV/Aids. Nessa universidade, atua como professora de enfermagem, professora-orientadora e pesquisadora do Programa de Pós-Graduação em Ciências da Saúde, membro do Comitê de Ética e vice-diretora da Faculdade de Ciências da Saúde. É primeira secretária da Sociedade Brasileira de Bioética e membro da Comissão Nacional de Ética em Pesquisa/Ministério da Saúde, além de associada à Feminist Approaches to Bioethics, à International Association of Bioethics e à Sociedade Brasileira de Bioética. Parecerista de revistas especializadas em bioética, escreveu e publicou artigos sobre bioética, bioética feminista e pesquisa envolvendo seres humanos.

ABORTO
AÇÃO CULTURAL
ACUPUNTURA
ADMINISTRAÇÃO
ADOLESCÊNCIA
AGRICULTURA SUSTENTÁVEL
AIDS
AIDS – 2ª VISÃO
ALCOOLISMO
ALIENAÇÃO
ALQUIMIA
ANARQUISMO
ANGÚSTIA
APARTAÇÃO
APOCALIPSE
ARQUITETURA
ARTE
ASSENTAMENTOS RURAIS
ASSESSORIA DE IMPRENSA
ASTROLOGIA
ASTRONOMIA
ATOR
AUTONOMIA OPERÁRIA
AVENTURA
BARALHO
BELEZA
BENZEÇÃO
BIBLIOTECA
BIOÉTICA
BOLSA DE VALORES
BRINQUEDO
BUDISMO
BUROCRACIA
CAPITAL
CAPITAL INTERNACIONAL
CAPITALISMO
CETICISMO
CIDADANIA

CIDADE
CIÊNCIAS COGNITIVAS
CINEMA
COMPUTADOR
COMUNICAÇÃO
COMUNICAÇÃO EMPRESARIAL
COMUNICAÇÃO RURAL
COMUNIDADES ALTERNATIVAS
CONSTITUINTE
CONTO
CONTRACEPÇÃO
CONTRACULTURA
COOPERATIVISMO
CORPO
CORPOLATRIA
CRIANÇA
CRIME
CULTURA
CULTURA POPULAR
DARWINISMO
DEFESA DO CONSUMIDOR
DEFICIÊNCIA
DEMOCRACIA
DEPRESSÃO
DEPUTADO
DESIGN
DESOBEDIÊNCIA CIVIL
DIALÉTICA
DIPLOMACIA
DIREITO
DIREITOS DA PESSOA
DIREITOS HUMANOS
DIREITOS HUMANOS DA MULHER
DOCUMENTAÇÃO
DRAMATURGIA
ECOLOGIA
EDITORA
EDUCAÇÃO

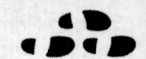

EDUCAÇÃO AMBIENTAL
EDUCAÇÃO FÍSICA
EDUCACIONISMO
EMPREGOS E SALÁRIOS
EMPRESA
ENERGIA NUCLEAR
ENFERMAGEM
ENGENHARIA FLORESTAL
ENOLOGIA
ESCOLHA PROFISSIONAL
ESCRITA FEMININA
ESPERANTO
ESPIRITISMO
ESPIRITISMO 2ª VISÃO
ESPORTE
ESTATÍSTICA
ÉTICA
ÉTICA EM PESQUISA
ETNOCENTRISMO
EXISTENCIALISMO
FAMÍLIA
FANZINE
FEMINISMO
FICÇÃO
FICÇÃO CIENTÍFICA
FILATELIA
FILOSOFIA
FILOSOFIA DA MENTE
FILOSOFIA MEDIEVAL
FILOSOFIA CONTEMPORÂNEA
FÍSICA
FMI
FOLCLORE
FOME
FOTOGRAFIA
FUNCIONÁRIO PÚBLICO
FUTEBOL
GASTRONOMIA

GEOGRAFIA
GESTO MUSICAL
GOLPE DE ESTADO
GRAFFITI
GRAFOLOGIA
GREVE
GUERRA
HABEAS CORPUS
HERÓI
HIEROGLIFOS
HIPNOTISMO
HISTÓRIA
HISTÓRIA DA CIÊNCIA
HISTÓRIA DAS MENTALIDADES
HISTÓRIA EM QUADRINHOS
HOMEOPATIA
HOMOSSEXUALIDADE
IDEOLOGIA
IGREJA
IMAGINÁRIO
IMORALIDADE
IMPERIALISMO
INDÚSTRIA CULTURAL
INFLAÇÃO
INFORMÁTICA
INFORMÁTICA 2ª VISÃO
INTELECTUAIS
INTELIGÊNCIA ARTIFICIAL
IOGA
ISLAMISMO
JAZZ
JORNALISMO
JORNALISMO SINDICAL
JUDAÍSMO
JUSTIÇA
LAZER
LEGALIZAÇÃO DAS DROGAS
LEITURA

LESBIANISMO
LIBERDADE
LÍNGUA
LINGUÍSTICA
LITERATURA INFANTIL
LITERATURA DE CORDEL
LIVRO-REPORTAGEM
LIXO
LOUCURA
MAGIA
MAIS-VALIA
MARKETING
MARKETING POLÍTICO
MARXISMO
MATERIALISMO DIALÉTICO
MEDIAÇÃO DE CONFLITOS
MEDICINA ALTERNATIVA
MEDICINA POPULAR
MEDICINA PREVENTIVA
MEIO AMBIENTE
MENOR
MÉTODO PAULO FREIRE
MITO
MORAL
MORTE
MULTINACIONAIS
MÚSICA
MÚSICA BRASILEIRA
MÚSICA SERTANEJA
NATUREZA
NAZISMO
NEGRITUDE
NEUROSE
NORDESTE BRASILEIRO
OCEANOGRAFIA
OLIMPISMO
ONG
OPINIÃO PÚBLICA

ORIENTAÇÃO SEXUAL
PANTANAL
PARLAMENTARISMO
PARLAMENTARISMO MONÁRQUICO
PARTICIPAÇÃO
PARTICIPAÇÃO POLÍTICA
PATRIMÔNIO CULTURAL IMATERIAL
PATRIMÔNIO HISTÓRICO
PEDAGOGIA
PENA DE MORTE
PÊNIS
PERIFERIA URBANA
PESSOAS DEFICIENTES
PODER
PODER LEGISLATIVO
PODER LOCAL
POLÍTICA
POLÍTICA CULTURAL
POLÍTICA EDUCACIONAL
POLÍTICA NUCLEAR
POLÍTICA SOCIAL
POLUIÇÃO QUÍMICA
PORNOGRAFIA
PÓS-MODERNO
POSITIVISMO
PRAGMATISMO
PREVENÇÃO DE DROGAS
PROGRAMAÇÃO
PROPAGANDA IDEOLÓGICA
PSICANÁLISE 2ª VISÃO
PSICODRAMA
PSICOLOGIA
PSICOLOGIA COMUNITÁRIA
PSICOLOGIA SOCIAL
PSICOTERAPIA
PSICOTERAPIA DE FAMÍLIA
PSIQUIATRIA ALTERNATIVA
PSIQUIATRIA FORENSE

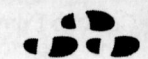
PUNK
QUESTÃO AGRÁRIA
QUESTÃO DA DÍVIDA EXTERNA
QUÍMICA
RACISMO
RADIOATIVIDADE
REALIDADE
RECESSÃO
RECURSOS HUMANOS
RELAÇÕES INTERNACIONAIS
REMÉDIO
RETÓRICA
REVOLUÇÃO
ROBÓTICA
ROCK
ROMANCE POLICIAL
SEGURANÇA DO TRABALHO
SEMIÓTICA
SERVIÇO SOCIAL
SINDICALISMO
SOCIOBIOLOGIA
SOCIOLOGIA
SOCIOLOGIA DO ESPORTE
STRESS
SUBDESENVOLVIMENTO
SUICÍDIO
SUPERSTIÇÃO
TABU
TARÔ
TAYLORISMO
TEATRO
TEATRO INFANTIL
TEATRO NÔ
TECNOLOGIA
TELENOVELA
TEORIA
TOXICOMANIA
TRABALHO

TRADUÇÃO
TRÂNSITO
TRANSPORTE URBANO
TRANSEXUALIDADE
TROTSKISMO
UMBANDA
UNIVERSIDADE
URBANISMO
UTOPIA
VELHICE
VEREADOR
VÍDEO
VIOLÊNCIA
VIOLÊNCIA CONTRA A MULHER
VIOLÊNCIA URBANA
XADREZ
ZEN
ZOOLOGIA